Basiswortschatz Französisch im Griff

von
Muriel von Dungern

Ernst Klett Verlag
Stuttgart · Düsseldorf · Leipzig

PONS Basiswortschatz Französisch im Griff

von Muriel von Dungern

Dieses Symbol weist auf einen Lerntipp hin.

Dieses Werk ist inhaltlich identisch mit:
" Basiswortschatz Französisch im Griff", ISBN 3-12-560966-6

1. Auflage A1   4 3 2 1 | 2002 2001 2000 1999

Redaktion: Gabriele Forst, Tübingen
Einbandgestaltung: Erwin Poell, Heidelberg;
Metzger & Schmidt (Designbüro MESCH), Mannheim
Zeichnungen: Gilles Bonotaux, Paris
Layout/Satz: Fotosatz Kaufmann, Stuttgart
Druck: Druckerei zu Altenburg, Altenburg
Printed in Germany.
ISBN 3-12-560944-5

Inhaltsverzeichnis

1. Kapitel

Elargissez votre vocabulaire
Erweitern Sie Ihren Wortschatz

1. Wörter sind wichtig.

Im Französischen wie im Deutschen kommt man ohne Wörter nicht aus. Aus diesem Grund ist ein großer Wortschatz wichtig und unverzichtbar.

2. Führen Sie ein Vokabelheft.

Notieren Sie die neuen Wörter und Ausdrücke, die Sie lernen möchten. Organisieren Sie Ihr Vokabelheft in einer Form, die Ihnen ein rasches Auffinden Ihrer Einträge ermöglicht, z.B. alphabetische oder thematische Anordnungen, Vokabelnetze usw.

3. Regelmäßigkeit beim Lernen spart Ihnen viel Mühe und Zeit.

Sie machen die besten Fortschritte, wenn Sie sich vornehmen regelmäßig zu lernen: jeden Tag zehn Minuten sind besser als einmal in der Woche eine Stunde. So viel Zeit finden Sie selten und so viele Vokabeln können Sie sich nicht auf einmal merken.

4. Stetiges Lernen wird belohnt.

Sie machen auch große Fortschritte, wenn Sie Ihren Wortschatz selbstständig erweitern — zu Hause, im Bus, im Bett, überall! Wenn Sie insgesamt zehn neue Wörter pro Tag lernen und wiederholen, eignen Sie sich innerhalb von einem Jahr einen soliden Grundwortschatz an.

5. Dieses Kapitel ist wichtig.

Bearbeiten Sie zunächst dieses Kapitel. Es enthält wertvolle Anregungen zum besseren Lernen.

1.1 Comment utiliser ce livre
So benutzen Sie dieses Buch

1. Es ist wichtig, dass Sie zuerst dieses Kapitel vollständig bearbeiten, damit Sie mit der Arbeitsweise dieses Buches vertraut werden!
2. Nach der Bearbeitung des 1. Kapitels können Sie sich aus den anderen Kapiteln die Übungen heraussuchen, die Sie machen möchten — nach Ihrem Belieben und in der von Ihnen gewünschten Reihenfolge.
3. Am Schluss befinden sich fünf Tests, mit denen Sie Ihre Fortschritte überprüfen können. Auch bei der Arbeit mit den Tests festigen Sie Ihre Kenntnisse!
4. Zur optimalen Arbeit mit diesem Buch benötigen Sie ein eigenes Vokabelheft. Benutzen Sie Ihr Vokabelheft möglichst jeden Tag, um Begriffe einzutragen, die Ihnen wichtig erscheinen.

1.2 Quelques mots importants
Einige wichtige Wörter

 Ohne die Fachausdrücke auf der linken Seite kommt man beim Erlernen einer Fremdsprache nicht aus. Aber keine Angst, denn sie ähneln den deutschen Bezeichnungen.

Den Wörtern auf der linken Seite begegnen Sie immer wieder. Ordnen Sie sie den fett gedruckten Wörtern auf der rechten Seite zu. Tragen Sie Ihre Antworten in die Kästchen unterhalb der Übung ein.

1. verbe	a. A Paris, Michel prend souvent **le** métro.
2. nom	b. Notre magasin **n'**accepte **pas** les chèques.
3. adjectif	c. Vous **avez choisi** un dessert ?
4. article défini	d. Elle aime **vraiment** les voyages.
5. article indéfini	e. Nous les voyons la **semaine** prochaine.
6. adverbe	f. Je voudrais un billet **pour** Nice, s.v.p. !
7. préposition	g. Cet hiver a été très **dur**.
8. pronom personnel	h. **Tu** achètes du vin blanc ?
9. négation	i. **Un** café et deux croissants pour la dame !

1.	*c*	2.		3.		4.		5.		6.		7.		8.		9.	

1.3 Comment utiliser un dictionnaire

Wie benutzt man ein Wörterbuch

Ein Wort kann verschiedene Bedeutungen haben oder in unterschiedlichen idiomatischen Wendungen vorkommen. Die Wörterbücher geben meist mehrere Bedeutungen und einige Wendungen an.

faire [fɛʀ] *irr* **1.** *vt* machen; *(fabriquer)* herstellen; *(AGR: produire)* erzeugen; *(discours)* halten; *(former, constituer)* darstellen, sein; **2.** *vb substitut:* **ne le casse pas comme je l'ai fait** zerbrich es nicht so wie ich; **3.** *vb impers:* **il fait jour/froid** es ist Tag/kalt; **ça fait 2 ans/heures que** es ist 2 Jahre/Stunden her, dass; **4.** *vpr:* **se ~** *(fromage, vin)* reifen; **se ~ à qch** *(s'habituer)* sich an etw *akk* gewöhnen; **se ~ des amis** Freunde gewinnen; **se ~ ~ une robe** sich *dat* ein Kleid anfertigen lassen; **se ~ vieux** [allmählich] alt werden; **il se fait tard** es ist schon spät [in der Nacht]; **cela se fait beaucoup/ne se fait pas** das kommt häufig vor/macht man nicht; **comment se fait-il que** wie kommt es, dass; **ne t'en fais pas** mach dir keine Gedanken; **~ chauffer de l'eau** Wasser aufsetzen; **~ démarrer un moteur** einen Motor anlassen; **~ des dégâts** Schaden anrichten; **~ du diabète** *(fam)* zuckerkrank sein, Diabetes haben; **~ du ski/rugby** Ski laufen/Rugby spielen; **~ du violon/piano** Geige/Klavier spielen; **~ la cuisine** kochen; **~ le malade/l'ignorant** den Kranken/Unwissenden spielen; **~ réparer/vérifier qch** etw richten/überprüfen lassen; **~ vieux/démodé** alt/altmodisch aussehen [lassen]; **fait à la main** Handarbeit; **cela ne me fait rien** das ist mir egal; **cela ne fait rien** das macht nichts; **je vous le fais 10 F** *(fam)* ich gebe es Ihnen für 10 F; **qu'allons-nous ~ dans ce cas?** was sollen wir in diesem Fall tun?; **que ~?** was tun?; **2 et 2 font 4** 2 und 2 sind 4; **9 divisé par 3 fait 3** 9 geteilt durch 3 ist 3; **n'avoir que ~ de qch** sich nicht um etw sorgen; **faites!** bitte!, nur zu!; **il ne fait que critiquer** er kritisiert immer nur; **cela fait tomber la fièvre/dormir** das bringt das Fieber zum Sinken/fördert den Schlaf; **cela a fait tomber le tableau/trembler les murs** das hat das Bild herunterfallen/die Mauern erzittern lassen; **il m'a fait ouvrir la porte** er hat mich gezwungen, die Tür zu öffnen; **il m'a fait traverser la rue** er war mir beim Überqueren der Straße behilflich; **je vais me ~ punir/gronder** ich werde bestraft/ausgeschimpft werden; **il va se ~ tuer/renverser** er wird noch umkommen/überfahren werden.

a) Lesen Sie den Eintrag in Ruhe durch. Übersetzen Sie anschließend folgende Sätze ins Deutsche.

1. Cela se fait beaucoup. _____

2. Il va se faire renverser. _____

3. Combien font cinq et deux? _____

b) Übersetzen Sie diese Sätze ins Französische.

1. Es ist sehr kalt. _____

2. Das macht nichts! _____

3. Sie läuft Ski. _____

1.4 Expressions idiomatiques
Idiomatische Ausdrücke

 Wenn Sie sich im Französischen idiomatisch ausdrücken möchten, dann lernen Sie Vokabeln immer im Zusammenhang mit ihren Partnern.

a) Ordnen Sie den Wörtern in der linken Spalte ein Wort der rechten Spalte zu. Benutzen Sie jedes Wort nur einmal. Schreiben Sie die Wörter zusammen auf.

1. ~~bon~~	a. santé!	*bon courage!*
2. au	b. la peine	
3. à votre	c. ~~courage~~!	
4. ça vaut	d. va?	
5. faire	e. appétit!	
6. bon	f. les courses	
7. ça	g. bientôt!	
8. bonne	h. revoir!	
9. à	i. chance!	

b) Ordnen Sie nun den Ausdrücken in der linken Spalte ihr Gegenteil in der rechten Spalte zu.

1. Il fait chaud.	a. Il a tort.	1. *b*
2. Il a faim.	b. Il fait froid.	2.
3. Il fait mauvais.	c. Il a froid.	3.
4. Il a raison.	d. Il fait beau.	4.
5. Il a chaud.	e. Il n'a pas faim.	5.

1.5 Les mots et leurs définitions
Die Wörter und ihre Definitionen

Versuchen Sie Wörter auf Französisch zu definieren. Auf diese Weise verbessern Sie Ihre Ausdrucksfähigkeit und optimieren Ihren Lernerfolg.

Welche der angegebenen Wörter passen zu welchen Definitionen? Ergänzen Sie die fehlenden Vokabeln und vervollständigen Sie die Sätze.

aujourd'hui	chaussures	fleurs
	se dépêcher	verte

1. *se dépêcher* = **aller vite ou faire vite**

   Déjà 9 heures 10 ! Le train part à 9 heures 20, elle doit _se dépêcher_ !

2. _____ = **ces „plantes" s'appellent roses, tulipes...**

   Beaucoup de personnes reçoivent des _____ pour leur

   anniversaire. Vous aussi ?

3. _____ = **le jour entre hier et demain**

   Hier, dimanche, nous sommes allés au mont Blanc, et demain, mardi, nous y

   retournerons. Mais _____ , lundi, nous voulons visiter

   Chamonix.

4. _____ = **c'est la couleur des arbres au printemps**

   La couleur _____ est la couleur nationale de l'Irlande.

5. _____ = **„vêtements" pour les pieds**

   Sans bonnes chaussettes et sans bonnes _____ , on a

   très vite froid aux pieds en hiver.

1.6 Lecture de texte
Leseverstehen

Keine Angst vor Texten! Versuchen Sie den Inhalt eines Textes zu verstehen und stören Sie sich nicht an einzelnen unbekannten Wörtern. Nicht alle Vokabeln sind für das Textverständnis wichtig. Außerdem sind französische Texte eine Fundgrube für "Wortsammler". Lesen Sie sich Texte mehrmals durch und suchen Sie nach nützlichen Wörtern und Wortverbindungen und tragen Sie sie in Ihr Vokabelheft ein.

Leseratte oder nicht, wenn Sie diesen Text zweimal durchgelesen haben, können Sie bestimmt die folgenden Fragen beantworten!

Les Français, la télévision et les livres

Depuis la découverte de la radio, les médias ont fait un long chemin.

Dans les années 1960, la télévision aussi s'est installée dans beaucoup de familles françaises, – sans oublier aujourd'hui les ordinateurs multimédias!

D'autre part, les Français lisent de moins en moins : les enfants comme les adultes.

Bien sûr, il est facile de dire que la télévision est responsable de cette évolution : en effet, certains enfants et adultes regardent la télévision jusqu'à six heures par jour!

Toutefois, la télévision semble aussi inviter à lire: 6% des livres sont achetés parce qu'ils ont été présentés dans une émission littéraire à la télévision. Vous êtes étonnés?

---

a) In dem Text werden vier Medienbeispiele genannt. Welche?

la radio ☐   la télévision ☐   le journal ☐   le livre ☐

l'ordinateur multimédia ☐   la revue ☐

b) Sind folgende Aussagen richtig oder falsch? Antworten Sie mit „v" für vrai oder „f" für faux.

1. Beaucoup de Français ont une télévision.	*v*
2. Certains Français regardent la télévision 6 heures par jour.	
3. Les Français lisent de plus en plus.	
4. La télévision aide aussi à la vente des livres.	

1.7 Mots et images
Wörter und Bilder

Auch mit Hilfe von Bildern kann man sich Wörter einprägen. Erweitern und festigen Sie Ihren Wortschatz, indem Sie Bilder auf Französisch beschreiben.

Ordnen Sie die folgenden Sätze den Bildern zu.

a. L'appartement a une belle terrasse et est situé près d'une forêt.
b. Je voudrais le plein de super sans plomb, s'il vous plaît !
c. Ils manifestent contre l'augmentation d'impôts.
d. C'est un très beau pullover dans la vitrine !

1. _____ 2. _____

3. _____ 4. _____

1.8 Carte de vocabulaire
Vokabelnetz

 Eine gute Möglichkeit sich Vokabeln zu merken ist folgende: Schreiben Sie zu einem Thema alle Wörter, die Ihnen dazu einfallen, auf.

Paris, die Bretagne, die Alpen sind Ihnen sicherlich aus den verschiedensten Quellen bekannt. Versuchen Sie jetzt die folgenden Vokabeln zuzuordnen!

le métro	neiger	les musées
la mer	les grands magasins	se baigner
faire du ski	faire de la voile	les montagnes
la plage	les sports d'hiver	les théâtres

1. la Bretagne

la France

2. Paris

le métro

3. les Alpes

1.9 Les contraires

Die Gegensätze

Mit Eselsbrücken kann man besser lernen. Als gute Gedächnisstützen bieten sich die Gegensätze an.

a) Ordnen Sie jedem Verb sein Gegenteil zu.

trouver	éteindre	ouvrir	recevoir
commencer	acheter	descendre	s'en aller

1. chercher   *trouver*

2. vendre   _____

3. envoyer   _____

4. allumer   _____

5. monter   _____

6. fermer   _____

7. rester   _____

8. finir   _____

b) Lassen Sie in den folgenden Sätzen die Verneinung weg und benutzen Sie dafür das Gegenteil des Adjektivs.

1. Ce verre n'est pas **vide**.   *Ce verre est plein.*

2. Ce guide n'est pas **cher**.   _____

3. Ce chien n'est pas **jeune**.   _____

4. La cuillère n'est pas **sale**.   _____

5. La place n'est pas **libre**.   _____

c) Ordnen Sie die Substantive auf der linken Seite ihrem Gegenteil auf der rechten Seite zu.

1. la question   a. le sud

2. la sortie   b. le départ

3. le nord   c. la réponse

4. l'arrivée   d. l'entrée

1.	c
2.	
3.	
4.	

1.10 Les mots et leurs familles

Die Wörter und ihre Familien

Sie können sich Vokabeln leichter merken, wenn Sie ein Wort mit seiner „Familie" lernen.

a) Sicherlich kennen Sie die folgenden Adjektive. Können Sie jedem Adjektiv ein Verb zuordnen?

1. utile	1. *d*
2. inquiet	2.
3. aimable	3.
4. intéressant	4.

a. s'intéresser
b. aimer
c. s'inquiéter
d. utiliser

b) Die folgenden Wörter suchen ihre Verben. Helfen Sie dabei.

1. l'arrivée   *arriver*
2. l'habitant
3. le téléphone
4. l'entrée
5. la réponse
6. l'information

c) Bringen Sie jetzt die Wortfamilien zusammen.

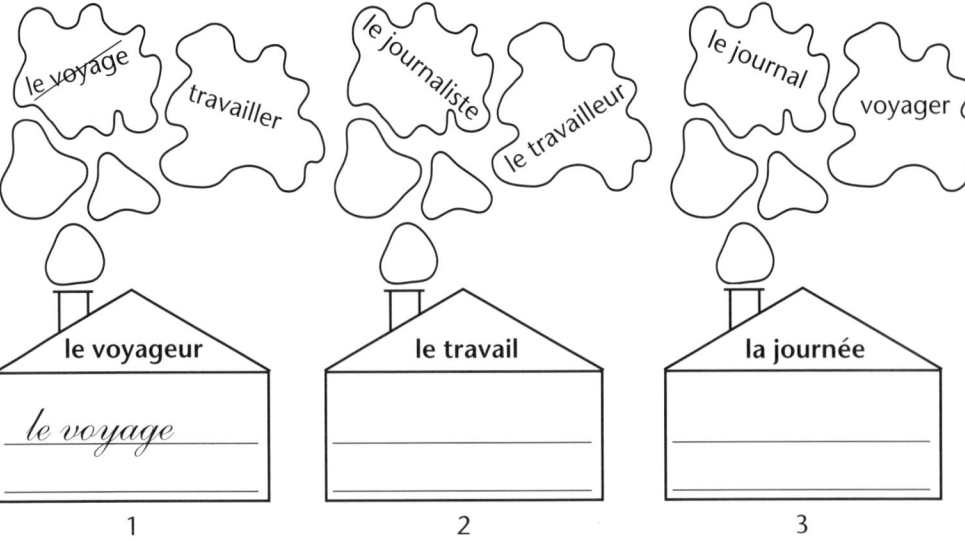

le voyage   travailler   le journaliste   le travailleur   le journal   voyager

le voyageur	le travail	la journée
le voyage		
1	2	3

1.11 Des groupes de mots
Wortgruppen

Der persönliche Wortschatz lässt sich erweitern, indem man zu einem bestimmten Thema alle Wörter, die man kennt und die einem neu begegnen, thematisch geordnet aufschreibt.

In jeder Zeile befindet sich ein ungebetener Gast: l'intrus. Kreisen Sie das Wort, das nicht passt, ein.

1. gris	(célèbre)	blanc	rouge
2. là-bas	la mère	le frère	la sœur
3. l'eau minérale	le thé	le tabac	le jus de fruits
4. la forêt	la rivière	l'arbre	le paquet
5. typique	le billet	touristique	doux
6. vouloir	savoir	le pourboire	voir
7. l'assiette	le carnet	le couteau	la fourchette
8. la boucherie	la boulangerie	le restaurant	le supermarché
9. la promenade	marcher	l'excursion	la publicité
10. le chapeau	les cheveux	les yeux	la gorge
11. la fièvre	le rhume	se faire mal	le syndicat
12. bien	l'argent	lentement	absolument
13. ce	cette	ces	c'est
14. vers	urgent	entre	derrière
15. la douche	le train	l'avion	la voiture
16. le pantalon	la mairie	la jupe	le chapeau
17. mon	notre	vos	quoi
18. expliquer	suivre	hier	nettoyer

1.12 Des faux amis
Falsche Freunde

Einige deutsche Wörter stammen direkt aus dem Französischen und scheinen Ihnen vertraut zu sein. Häufig haben sie aber eine andere Bedeutung. Bei diesen falschen Freunden ist deshalb Vorsicht angesagt.

a) Ordnen Sie die folgenden Wörter den Bildern zu.

le feuilleton
le billet

le bureau
la branche

léger
le timbre

1. *le feuilleton*   2. _____   3. _____

4. _____   5. _____   6. _____

b) Ergänzen Sie die Sätze mit Hilfe der angegebenen Wörter.

| visite | une promenade | un rendez-vous |

1. Ils aiment faire _____ en forêt.

2 Hier j'ai rendu _____ à un ami et, ensemble, nous avons visité l'exposition Picasso.

3. Luc a mal aux dents. Il prend _____ chez le dentiste.

2. Kapitel

Groupes de mots
Wortgruppen

1. Lernen Sie die Wörter in Gruppen.

Die französische Sprache verfügt über einen fast unerschöpflichen Wortschatz.
Versuchen Sie daher, Wörter in Gruppen zu lernen. Zum Beispiel:
- Wörter für Getränke,
- Wörter für Körperteile,
- Wörter für Monate und Jahreszeiten.

2. Stellen Sie Wortgruppen in Ihrem Vokabelheft zusammen.

Schreiben Sie neue Vokabeln nach Wortgruppen sortiert in Ihr Vokabelheft und lernen Sie die Wörter thematisch geordnet. Sie werden sehen, wie leicht es Ihnen fallen wird, sich neue Wörter zu merken.

2.1 Des groupes de mots
Wortgruppen

Ordnen Sie die folgenden Wörter der passenden Gruppe zu. Ob sie zu **le corps humain**, **les boissons** oder **les animaux** gehören entscheiden Sie.

le café	le jus de pomme	le poisson	la jambe
la gorge	le vin rouge	la tête	l'oiseau
le poulet	le thé	l'alcool	le pied
la bière	le chat	le bras	le chien
la dent	l'eau minérale	le rosé	la main

le corps humain

les boissons

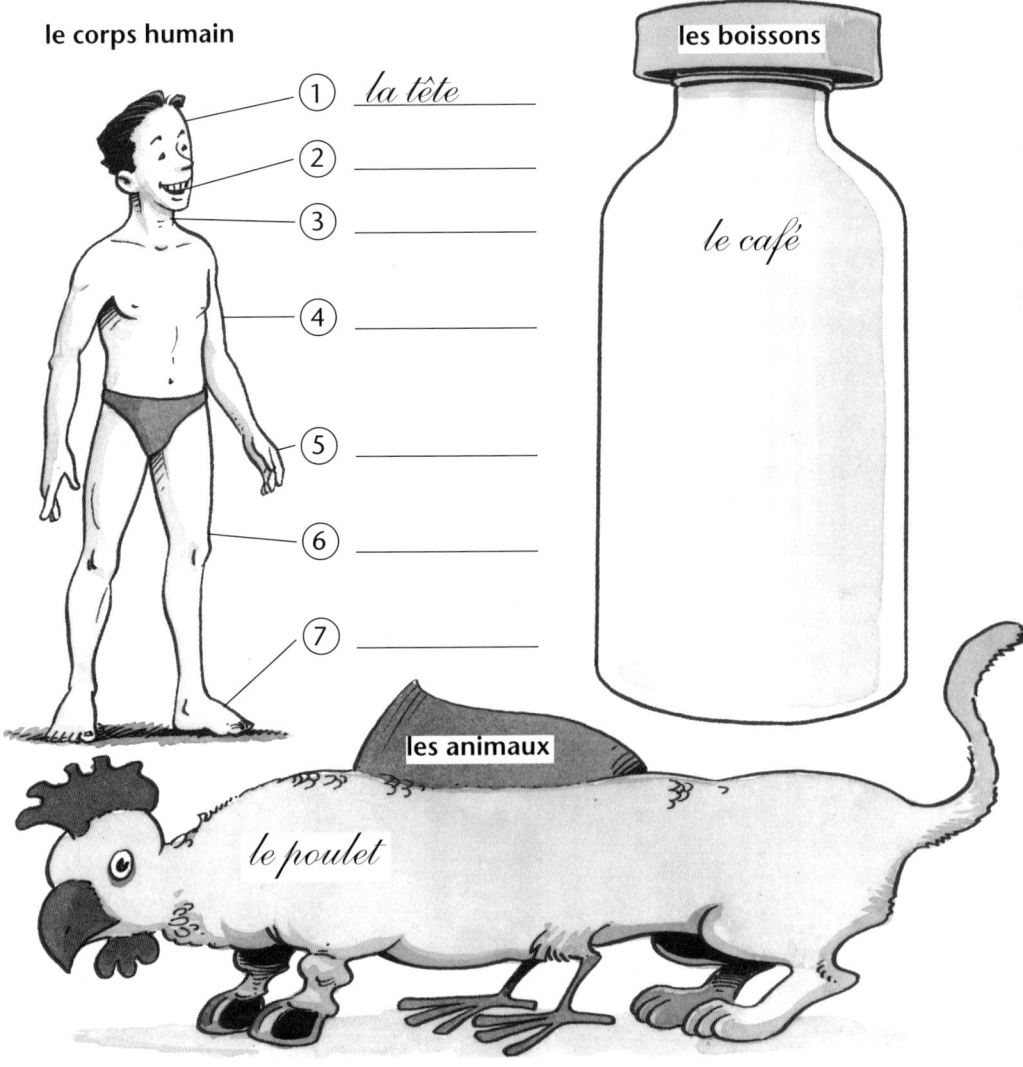

① *la tête*
②
③
④
⑤
⑥
⑦

le café

les animaux

le poulet

2.2 Les jours de la semaine et la journée
Die Wochentage und die Tageseinteilung

a) Wochentage sind wichtig. Ergänzen Sie die fehlenden Wochentage im Termin-kalender. Schreiben Sie anschließend auf, was Monsieur "Nimmermüde" immer von Montag bis Samstag macht.

1. l _u_ _n_ di	la piscine	*Le lundi, il va à la piscine.*
2. m _ _ di	le cinéma	
3. m _ _ _ _ di	le café	
4. j _ _ di	le musée	
5. v _ _ _ _ di	le restaurant	
6. s _ _ _ di	la campagne	

b) Wollen Sie Freunde im Ausland anrufen? Aber aufgepasst? Ist die Tageszeit auch wirklich passend?

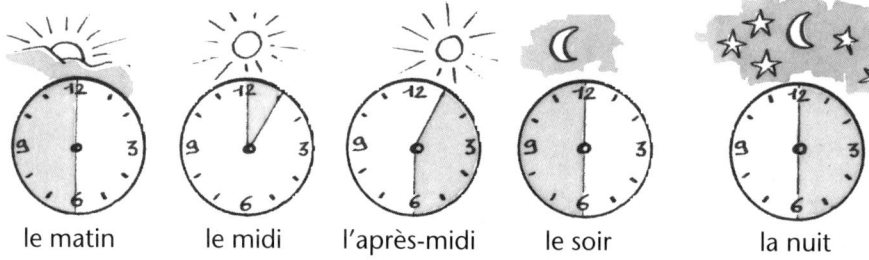

le matin   le midi   l'après-midi   le soir   la nuit

1. A Paris, il est 7 heures : c'est *le matin.*

2. A Tokyo, il est 15 heures : c'est _____

3. A Karachi, il est 12 heures : c'est _____

4. En Alaska, il est 21 heures : c'est _____

5. A New York, il est 1 heure : c'est _____

2.3 Les mois et les saisons
Die Monate und die Jahreszeiten

a) *Mögen Sie Kreuzworträtsel? Lösen Sie das Kreuzworträtsel, indem Sie 11 Monatsnamen in Großbuchstaben eintragen. Wie heißt der 12. Monat?*

12. Lösung: _____ .

b) *Welche Jahreszeit passt zu welchem Satz? Ergänzen Sie den Satz mit der jeweiligen Jahreszeit.*

en été   en automne   en hiver   au printemps

1. A Munich, *en automne* , il y a la fête de la Bière.

2. Dans les montagnes, _____ , il neige beaucoup.

3. Pâques est _____ .

4. Les petits Français ont deux mois de vacances _____ .

20

2.4 Les chiffres
Die Zahlen

Aufgabe 1

Sind Sie ein guter Detektiv? In der Tabelle sind die Zahlen zwischen 0 und 20 versteckt. Kreisen Sie sie ein und streichen Sie die angegebene Zahl unten aus. Eine Zahl fehlt: welche?

Lösungswort: _____.

a	q	u	a	t	o	r	z	e	o	t	r	o	i	s	a
t	o	n	z	e	u	d	i	x	–	h	u	i	t	d	s
t	g	v	i	n	g	t	j	z	é	r	o	q	u	q	e
r	c	i	n	q	x	q	u	a	t	r	e	z	e	u	p
e	m	n	w	s	h	x	d	o	u	z	e	a	p	i	t
i	d	e	c	i	u	d	i	x	–	n	e	u	f	n	e
z	i	u	b	x	i	k	d	d	e	u	x	ö	t	z	u
e	x	f	m	q	t	d	i	x	–	s	e	p	t	e	n

0 1 2 3 4 5 6 7 8 9 10 11 12 13 14 15 16 17 18 19 20

Aufgabe 2

Der Tausendfüßler hat die folgenden Schnapszahlen verschluckt. Wie werden sie geschrieben? Ordnen Sie den Zahlen die entsprechenden Buchstaben zu.

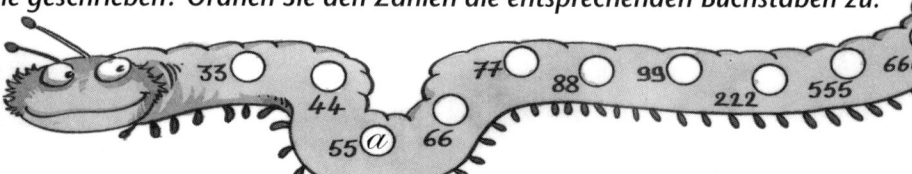

a. cinquante-cinq
b. trente-trois
c. soixante-six
d. quatre-vingt-huit
e. quatre-vingt-dix-neuf

f. deux cent vingt-deux
g. cinq cent cinquante-cinq
h. quarante-quatre
i. soixante-dix-sept
j. six cent soixante-six

2.5 La date, les fêtes et les jours fériés

Das Datum, die Feste und die Feiertage

Denken Sie daran, dass man bei der französischen Angabe des Datums, außer beim 1. Tag im Monat, die Grundzahlen verwendet, z.B.:
le premier juin, le deux juin, le trois juin.

a) Hier finden Sie eine französische Jahresübersicht. Die drei fehlenden Feiertage kennen Sie bestimmt. Tragen Sie sie ein.

fête nationale   *Noël*   *jour de l'An*

janvier 1er	février 17	mars 21	avril 10
_____	Mardi gras	printemps	Pâques
mai 1er	juin 12	juillet 14	août 15
fête du Travail	Pentecôte	_____	Assomption
septembre 21	octobre 3	novembre 1er	décembre 25
automne	Saint-Gérard	Toussaint	_____

b) Schreiben Sie nun die folgenden Daten mit Hilfe der Jahresübersicht auf. Schreiben Sie auch die Zahlen aus.

1. = La Toussaint est quand ?
   – La Toussaint est *le premier novembre.*

2. = L'automne commence quand ?
   – Il commence _____
   _____

3. = La fête du Travail est quand ?
   – C'est _____

4. = Pâques est quel jour cette année ?
   – C'est _____

2.6 Vœux et félicitations
Wünsche und Glückwünsche

In Frankreich schickt man gerne Karten mit vorgedrucktem Text ... daher gibt es fast
so viele verschiedene Karten wie Tage im Jahr!

Zu welchen Anlässen werden folgende Karten verschickt?

a Bonne Fête !

b Joyeux Noël !

c Félicitations !

d Voeux de Bonheur !

e Sincères Condoléances !

f Bon Anniversaire !

g Meilleure Santé !

h Bonne et Heureuse Année !

---

c 1. Marc et Sophie ont eu une petite fille.

☐ 2. François a vingt ans aujourd'hui.

☐ 3. L'année 1997 finit. L'année 1998 commence.

☐ 4. C'est bientôt le 25 décembre.

☐ 5. Michelle et André se marient.

☐ 6. Une vieille amie vient de mourir.

☐ 7. Demain, c'est le 3 juillet: c'est le jour de la Saint-Thomas.

☐ 8. Un ami est malade.

2.7 Donner son avis

Seine Meinung äußern

 Prägen Sie sich ganze Sätze ein, mit deren Hilfe Sie Ihre Meinung zum Ausdruck bringen können. Auf diese Weise können Sie schnell und präzise situationsadäquat reagieren.

Ordnen Sie diese Sätze den entsprechenden Bildern zu.

a. Mais si, nous prenons le train !

b. D'accord, c'est une bonne idée !

c. Ce n'est pas grave.

d. Oui, je pense que ces lunettes te vont très bien.

e. J'en ai assez !

f. Encore ! Moi, je préfère aller au cinéma.

① A ton avis, elles me vont ?

Oui, je pense que ces lunettes te vont très bien.

② Votre voiture est au garage ? Alors, vous ne pouvez pas partir dimanche ?

③

④ Oh ! Excusez-moi !

⑤ On va au café ce soir ?

⑥ On achète des fleurs à Marie ?

2.8 Exprimer ce qui déçoit, plaît ou ne plaît pas

Enttäuschung, Gefallen und Missfallen zum Ausdruck bringen

a) Was würden Sie sagen, wenn Ihnen etwas gefällt oder missfällt? Ordnen Sie die folgenden Ausdrücke den Spalten zu.

a. Je suis content de te voir !
b. Ça ne me plaît pas du tout.
c. Vous êtes très aimable.
d. Enchanté de faire votre connaissance !
e. C'est triste !
f. Je n'aime pas du tout.

g. C'est très intéressant.
h. C'est bien !
i. J'aime beaucoup.
j. C'est ennuyeux.
k. Ça me dérange.
l. C'est agréable !

1. Ça me plaît.	2. Ça ne me plaît pas.

Je suis content de te voir !
_____

_____ _____

_____ _____

_____ _____

_____ _____

_____

b) Ordnen Sie die französischen Sätze ihrer deutschen Entsprechung zu.

1. C'est dommage.
2. Tant pis !
3. Je suis très déçu.
4. Malheureusement !

a. Ich bin sehr enttäuscht.
b. Das ist schade!
c. Leider!
d. Pech gehabt!

1.	b
2.	
3.	
4.	

25

2.9 Des verbes de mouvement
Verben der Bewegung

Verben der Bewegung kann man sich mit Hilfe von Bildern gut merken.

Ordnen Sie jetzt die folgenden Verben zu.

s'en aller	s'asseoir
entrer	fermer
arriver	tomber

revenir
descendre
se lever
ouvrir
monter
sortir

1 s'en aller

2 arriver

3 revenir

4 fermer

5 se lever

6 s'asseoir

7 monter

8 descendre

9 ouvrir

10 tomber

11 entrer

12 sortir

26

2.10 Savoir et pouvoir
Wissen und können

Ergänzen Sie die Sätze mit den angegebenen Verbformen.

savent	pouvez	peuvent
savez	peut	sait

1. A huit ans, presque tous les enfants __*savent*__ lire.

2. On ne __peut__ pas lire sans lumière.

3. En février, s'il y a de la neige, vous __pouvez__ aller faire du ski.

4. Maryse __sait__ faire du ski mais elle préfère la randonnée.

5. Vous __savez__ si les Martin viennent aussi ?

6. A ton avis, les enfants __peuvent__ aller à la piscine sans nous ?

2.11 Les couleurs
Die Farben

Farben kann man sich am Besten in Kombination von Sachen oder Personen merken, für die die jeweilige Farbe typisch ist.

Kombinieren Sie die Sätze so, dass sie auch inhaltlich sinnvoll sind.

1. La nuit, tous les chats sont

2. En Tunisie, les maisons sont

3. Une bonne tomate est bien

4. Quand il fait soleil, le ciel et la mer sont

5. Certains arbres restent toute l'année

6. En automne les feuilles des arbres sont

7. Un café sans lait est un café

a. blanches.

b. bleus.

c. gris.

d. rouge.

e. noir.

f. verts.

g. marron, jaunes et oranges.

1.	c.	2.	a.	3.	d.	4.	b.	5.	f.	6.	g.	7.	e.

3. Kapitel

Thèmes
Themen

1. Werden Sie „Wortsammler"!

Manche Menschen sammeln Briefmarken, die Sie in ihren Alben sortieren. Warum sollte man nicht auch Wörter sammeln?

2. Überlegen Sie gut, wo Sie Ihre gesammelten Wörter ablegen wollen.

Dieses Kapitel wird Ihnen helfen Wörter nach verschiedenen Themenbereichen, z. B. Familie oder Verkehrsmittel einzuordnen.

3. Erstellen Sie Vokabelnetze.

Sammeln Sie Wörter und idiomatische Wendungen zu einem Thema und stellen Sie diese logisch verknüpft grafisch dar. Sie werden sehen, wie leicht Sie sich diese Begriffe dadurch einprägen können.

4. Benutzen Sie Bilder.

Wenn Sie gerne zeichnen, dann können Sie sich Ihr Hobby zu Nutze machen, um Vokabeln zu lernen. Zeichnen Sie Landschaften, Städte und vieles mehr und beschriften Sie die dargestellten Gegenstände und Personen. Auf diese Weise können Sie Ihr eigenes Bildwörterbuch erstellen.

3.1 **Se présenter**
Sich vorstellen

a) Eine junge Frau stellt ihren Mann und sich selbst vor. Lesen Sie sich den Text durch und beantworten Sie anschließend die Fragen über Philippe.

"Bonjour ! Je m'appelle Corinne, Corinne Müller ! J'habite à Strasbourg depuis cinq ans avec mon mari, Philippe. Moi, je suis Française, mais Philippe est Suisse : il est né à Genève. J'ai trente ans et je suis informaticienne. Philippe a deux ans de plus que moi, il est pharmacien. Il a la chance de travailler dans une petite pharmacie très sympathique au centre de Strasbourg. J'adore cette ville, j'y suis née !"

1. Le mari de Corinne s'appelle comment ? _____

2. Il est né où ? _____

3. Il est Français ? _____

4. Quelle est sa profession ? _____

5. Il habite où ? _____

b) Vervollständigen Sie anhand des Textes den Personalausweis von Corinne.

CARTE NATIONALE D'IDENTITÉ	
NOM	LAMBERT épouse _____
Prénoms	_____ , Sophie, Amélie
Née le	14 mai 1967
à	_____
NATIONALITÉ	_____
Taille	1 m 70
Domicile	15, boulevard Victor Hugo
	Signature du titulaire
	Corinne Müller
	67000 _____

3.2 Pays et nationalités
Länder und Nationalitäten

a) Benennen Sie die Länder auf der Europakarte mit Hilfe der angegebenen Ländernamen.

Autriche	France	Espagne	Allemagne	Italie	Suisse

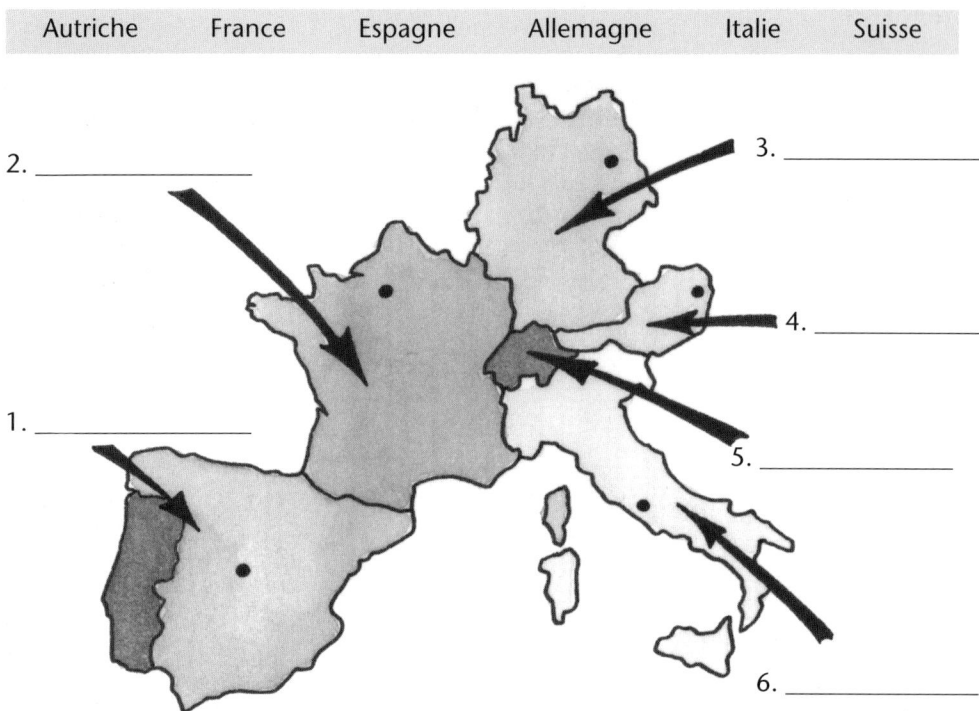

2. _____

3. _____

4. _____

1. _____

5. _____

6. _____

b) Tragen Sie die passenden Staatsangehörigkeiten ein.

Pays		
1. l'Espagne	*Espagnol*	*Espagnole*
2. l'Allemagne		
3. l'Italie		
4. la France		
5. l'Autriche		
6. l'Angleterre		
7. la Belgique		

3.3 Les métiers
Die Berufe

a) Ordnen Sie die Berufsbezeichnungen den passenden Bildern zu.

le médecin   le vendeur   la femme au foyer   le guide   la technicienne   la secrétaire

1. *la secrétaire*   2. _____   3. _____

      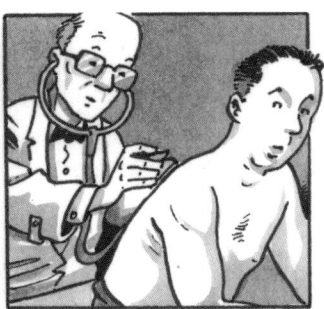

4. _____   5. _____   6. _____

b) Finden Sie nun heraus, wo jeder seinen Beruf ausübt.

1. Le médecin travaille	a. dans un salon de coiffure.	1.
2. L'infirmière travaille	b. dans un restaurant.	2.
3. Le cuisinier travaille	c. dans un lycée.	3.
4. La vendeuse travaille	d. dans un bureau.	4.
5. Le prof travaille	e. dans une usine.	5.
6. La femme au foyer travaille	f. dans un hôpital.	6.
7. L'ouvrier travaille	g. dans un magasin.	7.
8. L'employée travaille	h. à la maison.	8.
9. Le coiffeur travaille	i. dans un cabinet médical.	9.

3.4 La famille
Die Familie

a) *Corinne Müller spricht über ihre Familie. Lesen Sie zuerst den folgenden Text. Anschließend können Sie sicherlich den Familienstammbaum mit den Vornamen vervollständigen.*

"Vous me connaissez déjà ! Je suis Corinne Müller : Lambert est mon nom de jeune fille. Mes parents s'appellent Sophie et Marcel Lambert. Je n'ai pas de sœur mais j'ai un frère, Louis, que j'aime beaucoup. Je suis mariée avec Philippe Müller. Nous avons deux enfants : Pierre et Patricia.
Philippe a une sœur très sympathique qui s'appelle Maryse. Ses parents, André et Pauline Müller, habitent à Genève. C'est loin, mais ils viennent nous voir souvent !"

LAMBERT   **MÜLLER**

1. _____ 2. _____   7. _____ 8. _____

3. _____ 4. *Corinne*   9. _____ 10. _____

5. _____ 6. _____

b) Lesen Sie den Text noch einmal durch. Stimmen die folgenden Aussagen´ Entscheiden Sie mit „v" für vrai und „f" für faux.

1. Sophie Lambert est la grand-mère de Patricia.	1.	*v*
2. Patricia est la petite-fille de Marcel Lambert.	2.	
3. Philippe est le fils de Pauline Müller.	3.	
4. Philippe et Maryse sont mari et femme.	4.	
5. Corinne est la tante de Patricia.	5.	
6. Louis est l'oncle de Pierre.	6.	
7. Pierre et Patricia sont le neveu et la nièce de Maryse.	7.	

c) Wortsalat: Einige Wörter sind durcheinander geraten. Können Sie diese Wörter zusammensetzen?

1. le | sin | cou   *le cousin* _____

2. la | re | mè   _____

3. l' | cle | on   _____

4. le | re | grand- | pè   _____

5. la | sine | cou   _____

6. la | le | fil   _____

d) Wie kann man seinen Familienstand ausdrücken? Bringen Sie deutsche und französische Bezeichnungen zusammen.

1. Sie ist allein erziehende Mutter.	a. Elle est mariée.
2. Er ist geschieden.	b. Il est célibataire.
3. Sie ist verheiratet.	c. Il est divorcé.
4. Sie leben zusammen.	d. Ils sont séparés.
5. Er ist ledig.	e. Elle est mère célibataire.
6. Sie leben getrennt.	f. Ils vivent ensemble.

1.		2.		3.		4.		5.		6.	

3.5 Comment décrire une personne
Wie beschreibt man eine Person

a) Beschreiben Sie diese Personen mit Hilfe folgender Adjektive.

| petit et mince | grand et fort | gros |

1. Il est _____ 2. Il est _____ 3. Il est _____

b) Cherchez l'intrus ! Kreisen Sie das Wort, das nicht passt, ein.

1. Il a les cheveux	**2. Elle a les yeux**	**3. Il a une barbe**	**4. Il a l'air**
blancs blonds bruns roux aimables	bleus derniers marron gris-verts gris	courte noire jaune longue rousse	agréable triste rosé tranquille ennuyeux

c) Fügen Sie jedem Satz sein Gegenteil zu.

1. Elle a l'air déçue.
2. Sa voix est douce.
3. Elle est vieille.
4. Il ressemble à sa mère.
5. Il est chauve.
6. C'est un adulte.

a. Il a de beaux cheveux.
b. Elle a l'air contente.
c. Il ressemble à son père.
d. Sa voix est dure.
e. C'est un adolescent.
f. Elle est très jeune.

1.	b
2.	
3.	
4.	
5.	
6.	

3.6 La maison

Das Haus

Der Architekt hat vergessen die verschiedenen Zimmer und Gegenstände des Hauses zu beschriften. Helfen Sie ihm dabei.

la fenêtre	la salle à manger	la douche	la chaise	la cuisine	le lit	le salon
la table	les toilettes	la salle de bains	l'escalier	la porte	la chambre	

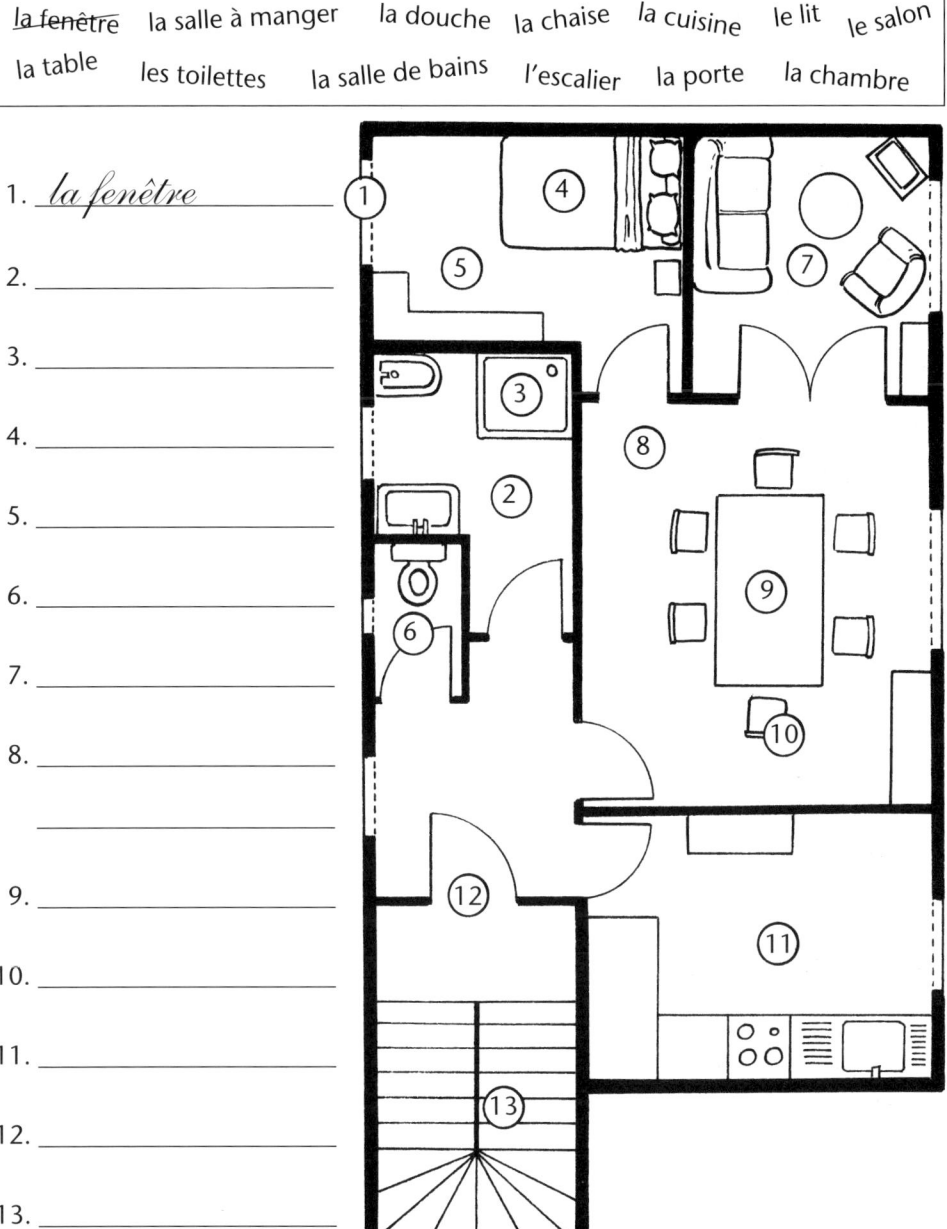

1. *la fenêtre*

2. _____

3. _____

4. _____

5. _____

6. _____

7. _____

8. _____

   _____

9. _____

10. _____

11. _____

12. _____

13. _____

3.7 Les sentiments
Die Gefühle

a) „Ich liebe sie von Herzen, mit Schmerzen...", diesen Spruch kennen Sie sicherlich. Schreiben Sie ihn nun auf die französische Art. Tragen Sie die restlichen Ausdrücke in die Blume ein.

(un peu) (passionnément) (pas du tout) (à la folie) (beaucoup)

b) Auch Gefühle können schwanken. Entscheiden Sie mit den Zeichen "+" und "–", ob die Sätze eher etwas Positives oder Negatives ausdrücken.

1. Ta lettre m'a fait très plaisir.	1. +
2. Il est en retard, je m'inquiète beaucoup.	2.
3. Elle n'aime pas du tout les chiens.	3.
4. Leur chat est perdu : ils sont malheureux.	4.
5. Il ne s'en fait jamais.	5.
6. Je me sens tellement joyeux !	6.
7. Nous sommes vraiment désolés.	7.
8. Elle n'aime pas trop la musique de Wagner.	8.
9. Ils se sentent si heureux : ils ont envie de rire !	9.

3.8 Les activités de loisirs

Die Freizeitbeschäftigungen

Denken Sie daran! Wenn Sie *jouer* in Verbindung mit einem Gesellschaftsspiel verwenden, brauchen Sie auch die Präposition *à*, z.B. Karten spielen = *jouer aux cartes.*

a) Ergänzen Sie die Sätze mit den passenden Freizeitaktivitäten.

réunions	théâtre	cuisine	piscine
jardin	musée	livre	cartes

1. Jeanne s'amuse beaucoup pendant les _*réunions*_ de famille.

2. Il fait si beau et si chaud ! Ils décident d'aller à la _____ .

3. Tu voudrais voir la "Mona Lisa" de Leonardo da Vinci ? Il faut visiter
   le _____ du Louvre à Paris.

4. Luc voudrait jouer au Monopoly, mais Danielle et Martine préfèrent jouer aux
   _____ .

5. "Pour moi, les loisirs, c'est lire un bon _____ !"

6. Michel va à un cours tous les lundis. Il apprend à faire la _____ avec
   un vrai chef cuisinier !

7. Les Martin, qui sont de bons acteurs, font du _____ depuis des
   années et ont déjà joué au festival d'Avignon.

8. Son grand-père aime faire du _____ . Il s'occupe beaucoup de ses
   fleurs, de ses fruits et de ses légumes.

b) Wie gehen die Sätze weiter? Kreuzen Sie die bestehenden Möglichkeiten an.

1. Il regarde une émission
   - ☐ a. dans le jardin.
   - ☐ b. à la télévision.
   - ☐ c. faire de la photo.

2. Pour voir un film,
   - ☐ a. il loue une vidéo.
   - ☐ b. il va au cinéma.
   - ☐ c. il lit des bandes dessinées.

3. Liliane aime aller le soir
   - ☐ a. fait du bricolage.
   - ☐ b. au cinéma.
   - ☐ c. à la disco.

4. Ils aiment beaucoup faire
   - ☐ a. du dessin.
   - ☐ b. aux cartes.
   - ☐ c. de la peinture.

3.9 Les sports
Sport

Denken Sie daran! Man kann *faire du/de la* mit allen Sportarten benutzen, z.B. *faire du ski, faire du football*. Handelt es sich aber um eine Ballsportart, kann man auch *jouer au/à la* benutzen, z.B. *jouer au football*.

a) Ordnen Sie die verschiedenen Sportarten den Sportgeräten zu.

~~la planche à voile~~   le football   le vélo   la randonnée   le ski   le tennis

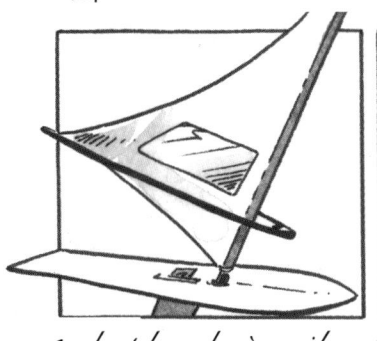

1. *la planche à voile*   2. _____   3. _____

4. _____   5. _____   6. _____

b) Man kann nicht jede Sportart überall ausüben. Wo kann man welchen Sport betreiben? Verbinden Sie die Sätze auf der linken Seite mit denen auf der rechten Seite zu sinnvollen Sätzen.

1. On joue au tennis	a. dans un stade.	1. d
2. On peut jouer au football	b. à la piscine.	2. a
3. On peut faire du V.T.T.	c. sur la neige.	3. b
4. On fait de la natation	d. sur un court de tennis.	4. c
5. On fait du ski	e. sur un lac ou en mer.	5. e
6. On fait de la planche à voile	f. en ville et en montagne.	6.

3.10 Villes, villages et paysages

Städte, Dörfer und Landschaften

**Aus der Vielfalt einer Landschaft, sagt man, entsteht ihre Schönheit. Ordnen Sie
die Begriffe zu.**

le champ	l'industrie	la ville	la forêt	le lac	la plage
la montagne	le camping	le port	la rivière	la mer	la route

② _____

③ _____

⑤ _____

① *le champ* _____

⑩ _____

⑦ _____

④ _____

⑨ _____

⑪ _____

⑥ _____

⑧ _____

⑫ _____

3.11 Les moyens de transport
Die Verkehrsmittel

a) *Die folgenden Verkehrsmittel kennen Sie bestimmt. Tragen Sie anhand der Bilder die passenden Namen in die Kästchen ein. Benutzen Sie Großbuchstaben.*

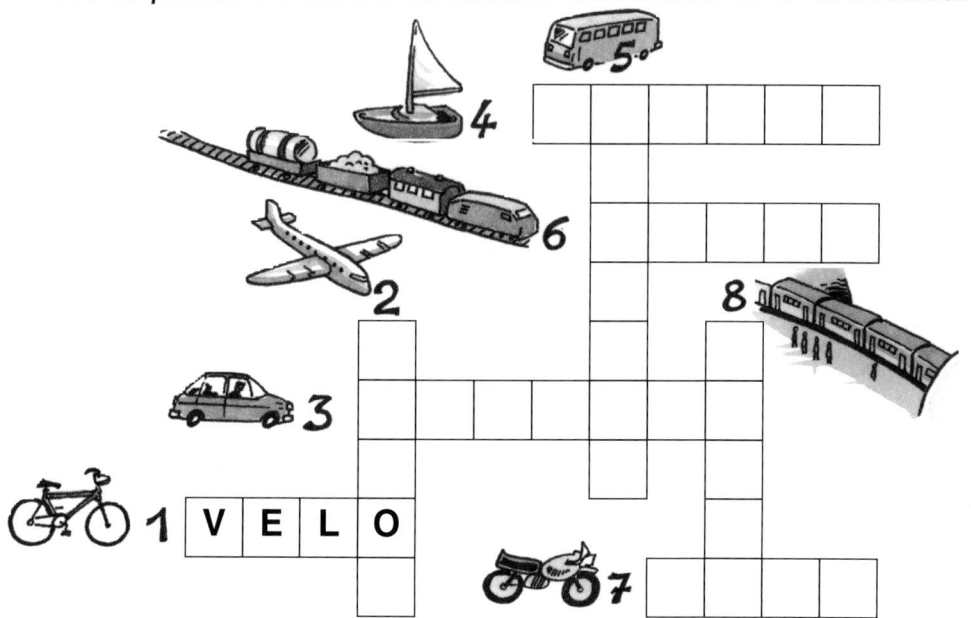

1. V E L O

b) *Manchmal geht alles schief! Lesen Sie diesen Reisebericht und tragen Sie die fehlenden Wörter ein.*

rendu · grève · direction · circulation · tombée · kilomètres · en

Chers amis,

1. A Noël, nous avons _rendu_ visite à notre fils. 2. Notre voiture est _____ en panne, alors j'ai appelé un taxi pour aller à la gare.

3. Malheureusement, les trains étaient en _____ ! Nous avons donc décidé de prendre l'avion. Quelle chance ! 4. Il y avait tout de suite un avion en _____ de Toulouse. 5. Notre fils est venu nous chercher à l'aéroport _____ voiture. 6. Sur l'autoroute, il y avait beaucoup de _____. 7. Nous avons mis douze heures pour faire trois cents _____. Quel voyage !

Meilleur souvenir

Paul

3.12 En ville
In der Stadt

Kreuzen Sie die passenden Antworten an. Jede Frage kann mit einer oder zwei Antworten beantwortet werden.

1. Où peut-on dormir ?
   On peut dormir
   - ☐ a. à l'hôtel.
   - ☐ b. dans une pension.
   - ☐ c. au bureau de tabac.

2. On mange où ?
   On mange
   - ☐ a. à la mairie.
   - ☐ b. au restaurant.
   - ☐ c. au syndicat d'initiative.

3. Les Français se marient où ?
   Ils se marient
   - ☐ a. à la gare de l'Est.
   - ☐ b. au Lycée Victor Hugo.
   - ☐ c. à la mairie.

4. Vous savez où est le consulat ?
   Le consulat est
   - ☐ a. dans l'industrie.
   - ☐ b. dans cet immeuble.
   - ☐ c. au centre ville.

5. Elle habite où ?
   Elle habite
   - ☐ a. près de la station de métro.
   - ☐ b. à la poste.
   - ☐ c. dans ce bâtiment.

6. Qu'est-ce que vous cherchez ?
   Nous cherchons
   - ☐ a. l'office du tourisme.
   - ☐ b. le quartier Saint-Michel.
   - ☐ c. chez l'habitant.

7. Tu connais son adresse ?
   Oui, elle habite
   - ☐ a. 12, rue du Pont-Neuf.
   - ☐ b. 4, rue de la Tour.
   - ☐ c. devant l'hôpital.

3.13 Objets du monde moderne
Gegenstände der modernen Welt

 In Frankreich ist die *Académie française* sehr darauf bedacht anstatt englischer Wörter eigene zu benutzen. Deshalb existieren häufig ein französisches und ein englisches Wort für denselben Gegenstand, z.B. *le télécopieur* oder *le fax*.

a) Ordnen Sie die französischen Wörter ihren deutschen Entsprechungen zu.

1. la messagerie électronique	a. das Faxgerät		1.	c
2. le téléphone	b. der Anrufbeantworter		2.	g
3. le télécopieur	c. die Mailbox		3.	
4. le répondeur	d. das Funktelefon/der Laptop		4.	b
5. la lettre	e. die CD-Rom		5.	h
6. l'ordinateur	f. der Walkman®		6.	i
7. le portable	g. das Telefon		7.	
8. le baladeur	h. der Brief		8.	f
9. le CD-Rom	i. der Computer		9.	
10. la souris	j. die Diskette		10.	m
11. le clavier	k. der Drucker		11.	l
12. l'imprimante	l. die Tastatur		12.	k
13. la disquette	m. die Maus		13.	j.

b) Welches Kommunikationsmittel verbinden Sie mit den folgenden Sätzen?

1. Vous voulez envoyer un fax. _____

2. Vous voulez téléphoner de partout. _____

3. Vous laissez un message sur la bande. _____

3.14 Les magasins
Die Läden

Versuchen Sie folgende Vokabeln zuzuordnen.

les fleurs   la boucherie   le rayon boissons   les vêtements
le savon   les fruits   l'eau minérale   le pain

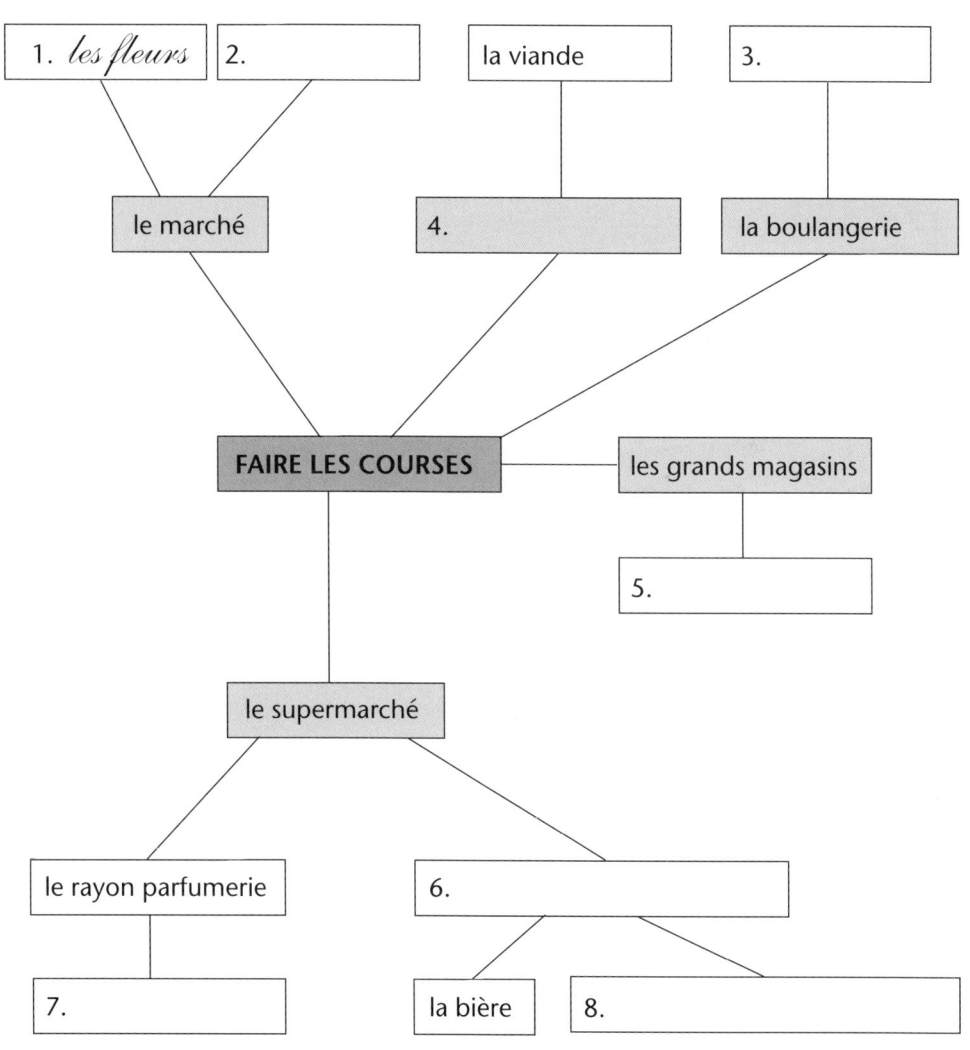

1. *les fleurs*   2.   la viande   3.

le marché   4.   la boulangerie

FAIRE LES COURSES   les grands magasins

5.

le supermarché

le rayon parfumerie   6.

7.   la bière   8.

3.15 Cafés et restaurants
Cafés und Restaurants

a) Was essen Sie in Frankreich in einem Café und was in einem Restaurant? Tragen Sie die Gerichte in die passende Spalte ein.

| les œufs sur le plat | le sandwich au pâté | le steak garni |
| le gratin aux légumes | le croque-monsieur | le coq au vin |

1. au café	2. au restaurant
les œufs sur le plat	

b) Vervollständigen Sie den Dialog mit den angegebenen Sätzen.

a. Je voudrais une bière pression, s'il vous plaît.
b. Merci. Ça fait combien ?
c. Voilà trente-cinq francs, le reste est pour vous.
d. Merci bien !
e. Oui, je prends un croque-monsieur, s'il vous plaît.

Garçon :	Bonjour, monsieur ! Vous désirez ?
Monsieur :	_Je voudrais une bière pression, s'il vous plaît._
Garçon :	Vous désirez manger quelque chose ?
Monsieur :	_____
Garçon :	Voici monsieur : une bière pression et un croque-monsieur !
Monsieur :	_____
Garçon :	Ça fait trente-trois francs, s'il vous plaît.
Monsieur :	_____
Garçon :	Merci, monsieur. Bon appétit !
Monsieur :	_____

3.16 Aliments de base, fruits et légumes

Grundnahrungsmittel, Früchte und Gemüse

a) „*Faire une salade*" *bedeutet im Volksmund* „*einiges durcheinander bringen*".
Tragen Sie die Wörter ein, die Sie für einen Obstsalat brauchen. Vorsicht, nicht alles kommt in den Obstsalat!

1. la cerise	4. la pomme	7. le radis	10. la carotte
2. le citron	5. l'orange	8. la poire	11. la banane
3. le chou	6. le kiwi	9. le raisin	12. la fraise

la cerise _____ _____ _____

_____ _____ _____

_____ _____

_____

b) *Ordnen Sie die Lebensmittelbegriffe den passenden Bildern zu.*

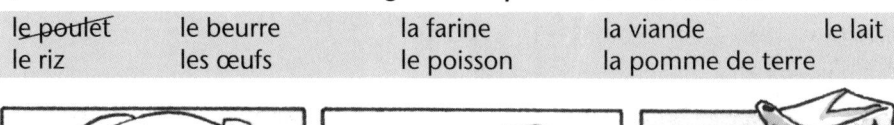

le poulet	le beurre	la farine	la viande	le lait
le riz	les œufs	le poisson	la pomme de terre	

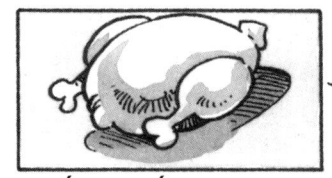 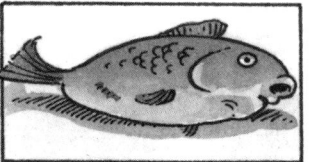 

1. le poulet _____ 2. _____ 3. _____

 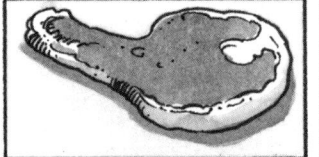 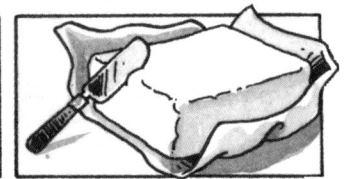

4. _____ 5. _____ 6. _____

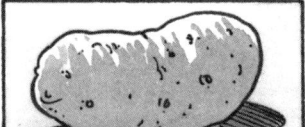 

7. _____ 8. _____ 9. _____

3.17 Les vacances
Die Ferien

Wenn man in den Urlaub fährt, gibt es viel zu tun. Ordnen Sie die Begriffe zu.

le passeport
l'eurochèque
la monnaie
les chaussures

l'appareil photo
les renseignements
les billets de banque
le plan de la ville

faire une réservation
les vêtements
changer de l'argent
le dépliant touristique

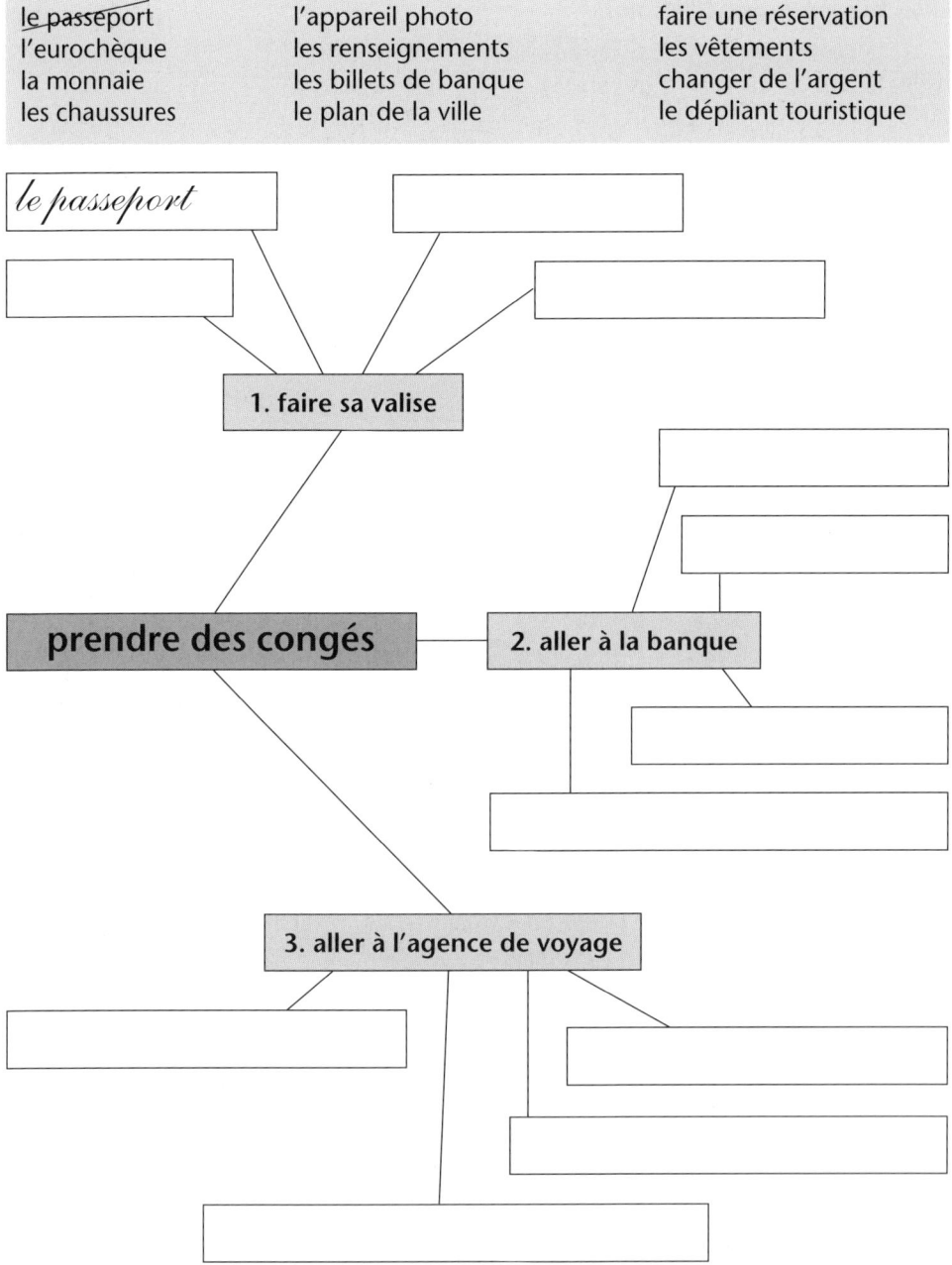

le passeport

1. faire sa valise

prendre des congés — 2. aller à la banque

3. aller à l'agence de voyage

3.18 Change et monnaies étrangères

Geldwechsel und Fremdwährungen

a) Ordnen Sie die Begriffe den passenden Bildern zu.

~~le guichet automatique~~   le chèque   le billet
la carte bancaire   la monnaie   la pièce

1. *le guichet automatique*   2. _____   3. _____

4. _____   5. _____   6. _____

b) Bringen Sie Fragen und geeignete Antworten zusammen.

1. Tu sais où il y a une banque ? ☐

2. Vous avez de la monnaie de 10 F ? ☐

3. Vous acceptez les cartes de crédit ? ☐

4. La banque est fermée. Tu sais où on peut changer de l'argent ? ☐

5. Vous prenez une commission ? ☐

a. Va à la gare, le bureau de change est ouvert.

b. Oui, une commission de 3%.

c. Je suis désolée, je n'ai pas du tout de monnaie.

d. Oui, la carte bleue mais pas la carte eurochèque.

e. Oui, la banque est près d'ici.

3.19 Le temps
Das Wetter

Vervollständigen Sie den Wetterbericht mit Hilfe der Wetterkarte und der angegebenen Wörter. Il fait quel temps ?

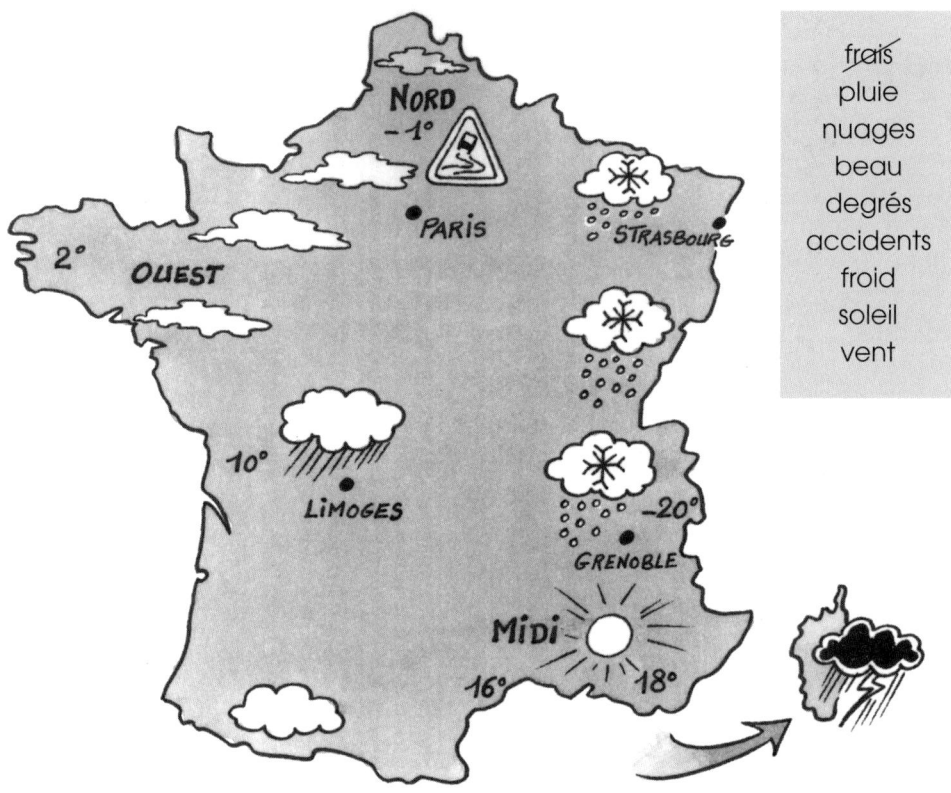

frais

pluie

nuages

beau

degrés

accidents

froid

soleil

vent

... et maintenant la météo pour aujourd'hui :

1) A l'ouest et au nord, le temps sera _frais_ . Il y aura des _____ .
Dans le nord, il fera –1°degré : attention au verglas et aux _accidents_ !

2) A l'est, à Strasbourg, en Alsace et dans les Alpes, il neigera toute la journée.
A Grenoble, il va faire très _froid_ : jusqu'à –20 _degres_ !

3) Dans le centre, à Limoges, il y aura de la _pluie_ .

4) Au sud et dans le midi, il fera _beau_ . Il y aura entre 16 et 18 degrés.
Il y aura du _____ .

5) Attention, en Corse, le temps sera lourd. Il y aura du _vent_ et des orages.

3.20 L'heure
Die Uhrzeit

a) Ordnen Sie die Zeitangaben den Uhren zu. Il est quelle heure ?

a. Il est dix heures moins le quart.
b. Il est onze heures et demie.
c. Il est cinq heures et quart.

d. Il est une heure et demie.
e. Il est onze heures moins vingt-cinq.
f. Il est deux heures cinq.

1. _a_   2.___   3.___

4.___   5.___   6.___

b) Welche Antwort gehört zu welcher Frage?

1. Tu te lèves à quelle heure ?
2. Le film dure combien de temps ?
3. Vous avez l'heure, s.v.p. ?
4. Ils arrivent quand ?
5. Ils sont partis à 19 heures ?
6. Il court les 100 m en 12 secondes ?

a. Oui, il est 4 heures 10.
b. Entre 8 heures et 9 heures.
c. Je me lève à 7 heures.
d. Non, ils sont partis vers 20 heures.
e. Non, en 16 secondes !
f. Il dure environ deux heures.

1.	c	2.		3.		4.		5.		6.	

4. Kapitel

La formation des mots
Die Wortbildung

1. Versuchen Sie Wörter zu bilden.

Wenn Sie ein Wort einer Familie kennen, können Sie viele andere Wörter derselben Familie erraten und verstehen:

ami	→	*amitié,*
économie	→	*économique,*
sortie	→	*sortir.*

2. Bilden Sie Wortfamilien.

Einige Wörter lassen sich mit Hilfe von Suffixen problemlos in neue Wörter verwandeln, z.B.:
– vom Adjektiv zum Adverb:

facile	→	*facilement,*

– vom Verb zum Substantiv:

circuler	→	*la circulation.*

4.1 La formation des adverbes
Die Bildung der Adverbien

Es gibt Adverbien, die von Adjektiven abgeleitet werden.
Bei Adjektiven, die auf einem Konsonanten enden, wird das Adverb gebildet, indem
man *-ment* an die weibliche Endung anhängt:

| *exact* | → | *exactement.* |

Adjektive, die auf *–e* enden und männlich und weiblich gleich sind, bilden das
Adverb durch Anhängen von *–ment*:

| *pauvre* | → | *pauvrement.* |

**Bilden Sie zunächst die weibliche Form der Adjektive und schreiben Sie danach
auf, wie das Adverb vollständig lautet.**

Adjektiv		Adverb
männlich	**weiblich**	
dernier →	*dernière*	→ derni *èrement*
heureux →	_ _ _ _ _ _ _	→ heureu _ _ _ _ _ _
facile →	_ _ _ _ _ _	→ facile _ _ _ _
certain →	_ _ _ _ _ _ _ _	→ certain _ _ _ _ _
autre →	_ _ _ _ _	→ autre _ _ _ _
long →	_ _ _ _ _ _	→ long _ _ _ _ _ _
grave →	_ _ _ _ _	→ grave _ _ _ _
doux →	_ _ _ _ _	→ dou _ _ _ _ _ _
simple →	_ _ _ _ _ _	→ simple _ _ _ _
pareil →	_ _ _ _ _ _ _ _	→ pareil _ _ _ _ _ _
calme →	_ _ _ _ _	→ calme _ _ _ _
tranquille →	_ _ _ _ _ _ _ _ _ _	→ tranquille _ _ _ _

4.2 Le suffixe -tion
Das Suffix -tion

Das Suffix -tion kann sehr nützlich sein, da man mit seiner Hilfe aus Verben weibliche Substantive bilden kann, z.B. *augmenter* → *augmentation*.

Bilden Sie aus den angegebenen Verben Substantive.

1. circuler → *circulation*　　4. exporter → _____

2. opposer → _____　　5. informer → _____

3. organiser → _____　　6. réclamer → _____

4.3 Professions masculines et féminines
Männliche und weibliche Berufe

Denken Sie daran, dass es für die meisten Berufe eine männliche und eine weibliche Form gibt: *le vendeur* → *la vendeuse*.
Manche bleiben aber im Maskulinum und im Femininum gleich und erhalten nur den weiblichen Artikel: *le journaliste* → *la journaliste*.
Andere hingegen haben nur eine männliche Form wie z.B. *l'ingénieur*. Wenn eine Frau gemeint ist, wird einfach *la femme* davor gesetzt: *la femme ingénieur*.

Tragen Sie die männliche Form dieser Berufe ein.

1. la prof	le *prof*
2. l'employée	l' _____
3. la boulangère	le _____
4. la femme médecin	le _____
5. la photographe	le _____
6. l'ouvrière	l' _____
7. la pharmacienne	le _____

4.4 Mots composés

Zusammengesetzte Substantive

Bilden Sie zusammengesetzte Substantive, indem Sie die fehlenden Worthälften ergänzen.

éclair	fleur	sécurité	chaussée	photo	end
service	principal	manger	chocolat	déjeuner	œuvre

1. la fermeture *éclair*

2. le petit-_____

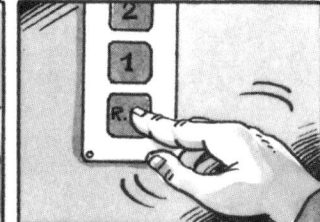

3. le rez-de-_____

4. la glace au _____

5. la station-_____

6. la ceinture de _____

7. le plat _____

8. la salle à _____

9. le hors-d'_____

10. l'appareil _____

11. le week-_____

12. le chou-_____

5. Kapitel

Prononciation et orthographe
Aussprache und Rechtschreibung

1. Mühelose Verständigung kann durch die korrekte Aussprache erleichtert werden.

Damit man Sie in Frankreich mühelos verstehen kann, ist es sinnvoll zu jedem neuen Wort die richtige Aussprache dazuzulernen.

2. Phonetische Symbole: Lautschrift.

In vielen Wörterbüchern wird hinter jedem Eintrag die Aussprache in Lautschrift angegeben. Wenn Sie die Symbole lesen können, wird Ihnen das Erlernen der Aussprache neuer Wörter leichter fallen.

5.1 Mots et phonétique
Wörter und Lautschrift

Denken Sie daran, wenn der Buchstabe *e* einen Akzent hat, dann wird er anders gesprochen.

a) Welches e fehlt bei folgenden Wörtern? Ergänzen Sie mit e [ə], é [e], oder è [ɛ].

1. [mɛʀ]	m è re		6. [egliz]	_ glise
2. [ʃəvø]	ch _ veux		7. [ʀəpɑ]	r _ pas
3. [selɛbʀ]	c _ lèbre		8. [dɛʀiɛʀ]	derri _ re
4. [kafe]	caf _		9. [dəmɑ̃de]	d _ mander
5. [pʀɛ]	pr _ s		10. [legɛʀ]	lég _ re

b) Welche Wörter werden mit [ʒ] und welche mit [g] ausgesprochen? Ordnen Sie sie zu.

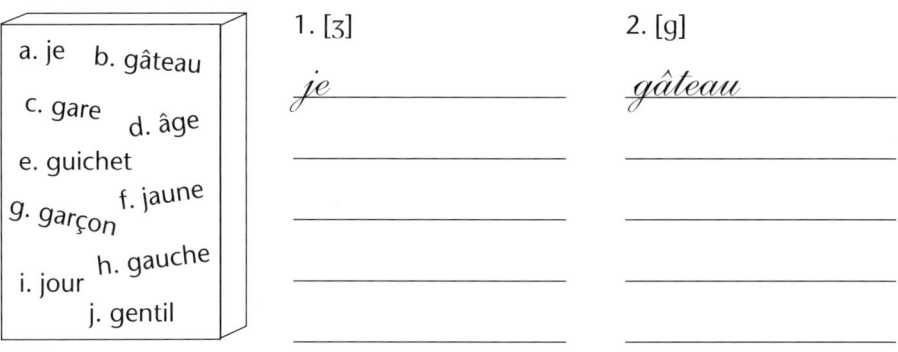

a. je b. gâteau
c. gare d. âge
e. guichet
g. garçon f. jaune
i. jour h. gauche
j. gentil

1. [ʒ]

je _____

_____

_____

_____

2. [g]

gâteau _____

_____

_____

_____

*c) Hinter der Lautschrift verbirgt sich die Wendung „Er hat einen Frosch im Hals".
Schreiben Sie sie auf Französisch, indem Sie die Lautschrift in Schriftzeichen umwandeln.*

[il] [a] [œ̃] [ʃa] [dɑ̃] [la] [gɔʀʒ]

„*Il* _____ ."

55

5.2 La prononciation
Die Aussprache

In welchem der rechts angegebenen Wörter kommt der jeweilige Laut vor?

1. [y] wie in **r**u**e** ☐ a. route
 ☐ b. lumière
 ☐ c. œuf

6. [k] wie in **qu**and ☐ a. cinéma
 ☐ b. calme
 ☐ c. ceux

2. [ʃ] wie in **ch**ez ☐ a. jouer
 ☐ b. blanche
 ☐ c. gorge

7. [s] wie in place ☐ a. français
 ☐ b. contre
 ☐ c. cuisine

3. [ɛ] wie in m**es** ☐ a. le
 ☐ b. mais
 ☐ c. ma

8. [f] wie in font ☐ a. verre
 ☐ b. yeux
 ☐ c. femme

4. [ɛ̃] wie in v**in** ☐ a. vent
 ☐ b. mon
 ☐ c. pain

9. [f] wie in **ph**oto ☐ a. famille
 ☐ b. pied
 ☐ c. haut

5. [z] wie in chaise ☐ a. valise
 ☐ b. tasse
 ☐ c. souvent

10. [ɲ] wie in ga**gn**er ☐ a. gauche
 ☐ b. gentil
 ☐ c. ligne

5.3 Une prononciation pour deux mots
Eine Aussprache für zwei Wörter

Welche beiden Wörter klingen gleich, schreiben sich aber anders? Ordnen Sie jedem Wort ein gleich ausgesprochenes Wort zu.

a. vingt	b. sale	c. dent	d. voix
e. sel	f. œufs	g. prêt	h. sept

1. vin   *vingt* _____

2. près _____

3. salle _____

4. cette _____

5. eux _____

6. celle _____

7. dans _____

8. voie _____

5.4 Le -e à la fin d'un mot
Das -e am Ende eines Wortes

Denken Sie daran, dass man das *-e* am Ende eines Wortes selten ausspricht. Durch das *-e* wird aber der davorstehende Konsonant hörbar, z. B. *vert* [vɛʀ], *verte* [vɛʀt] und *vertes* [vɛʀt].

Kreisen Sie jeweils das Wort ein, bei dem man den letzten Konsonanten nicht hört.

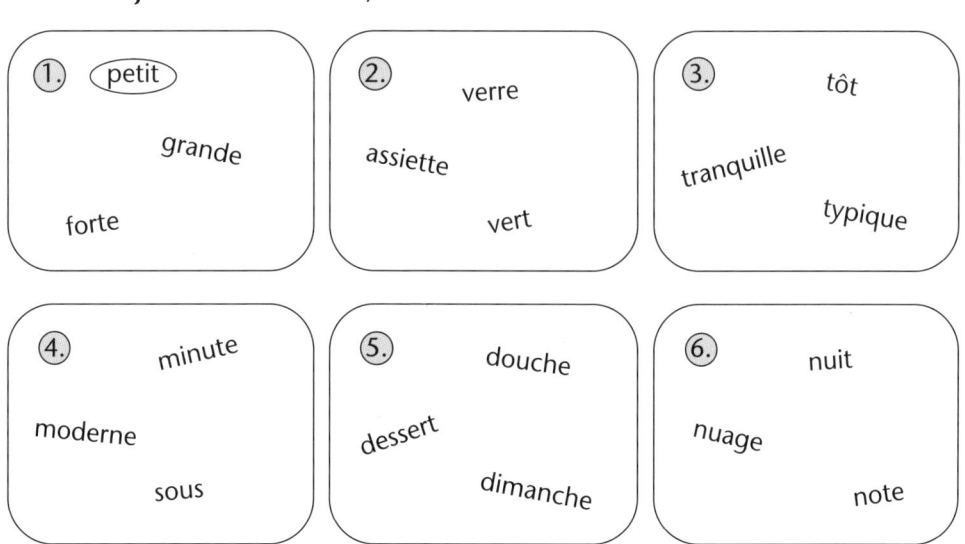

1. (petit)   grande   forte

2. verre   assiette   vert

3. tôt   tranquille   typique

4. minute   moderne   sous

5. douche   dessert   dimanche

6. nuit   nuage   note

6. Kapitel

Combinaisons de mots
Wortpartnerschaften

1. Viele Wörter gehören zusammen.

Es ist sinnvoll, Wörter in „Partnerschaften" zu lernen. Im Französischen sagt man beispielsweise:

> *prendre un café,*

während man im Deutschen

> *einen Kaffee trinken*

benutzt.

2. Lernen Sie Vokabeln in Wortverbindungen.

Manche Wörter verändern ihre Bedeutung, wenn Sie zusammen mit anderen Vokabeln auftreten. Insbesondere Verben ändern oft ihre Bedeutung, wenn sie mit anderen Präpositionen oder Reflexivpronomen gebraucht werden, z.B.:

riechen	→	*sentir,*
sich fühlen	→	*se sentir.*

6.1 Les verbes : tenir, mettre, prendre, faire, avoir

Die Verben: tenir, mettre, prendre, faire, avoir

Setzen Sie die fehlenden Verben ein.

| Tiens |
| tenez |
| tient |

1. tenir

a. _*Tiens*_____ , c'est Frédéric à côté de la mairie !

b. Marc a réparé la chaise : elle _____ bien !

c. Vous _____ mon sac un moment ?

| mets |
| mettez |
| mets |

2. mettre

a. Où est-ce que je _____ la voiture ?

b. Marie, _____ ton pullover !

c. Est-ce que vous _____ la lettre à la poste ?

| fait |
| fais |
| faisons |

3. faire

a. Qu'est-ce que tu _____ dans la vie ?

b. Nous _____ du vélo et du tennis.

c. En Espagne, en mai, il _____ souvent beau temps.

| avons |
| ont |
| a |

4. avoir

a. Elles _____ faim !

b. Paul _____ tort.

c. Nous n' _____ plus de pain.

| prennent |
| prenez |
| prends |

5. prendre

a. Les Caron _____ le train pour aller au travail.

b. Pour aller à Dijon, vous _____ l'autoroute A 6.

c. Tu _____ ton café avec ou sans sucre ?

6.2 Verbes dans leur contexte
Verben im Kontext

Welches Wort passt? Tragen Sie es ein.

a) Chercher, faire, passer, rendre, trouver.

rendre
trouve   passé
cherche
faire

1. Cette année, Philippe a *passé* _____ son bac.

2. Maintenant il _____ du travail pour l'été.

3. S'il ne _____ pas de travail, il veut

_____ visite à des amis.

4. Il voudrait bien _____ ses études à Lyon.

b) Téléphoner, chercher, passer, porter.

porter
téléphones
chercher
passe

1. Demande aux renseignements ! Si le train

passe _____ par Nancy, tu descends là. 2. Je peux

venir te _____ à la gare et t'aider à

_____ ta valise. 3. Tu me _____

ce soir pour me dire quand tu arrives ?

c) Attendre, devoir, monter, porter, sortir.

attendu
sorti
porte
monté
doit

1. Allô, chef ? Nous avons *attendu* _____ le suspect

devant son hôtel pendant trois heures. 2. A 18 heures 10, il

est _____ de l'hôtel et est _____

dans sa voiture. 3. Ça _____ vous intéresser.

4. Aujourd'hui, il _____ des lunettes !

Malheureusement, chef, nous l'avons perdu.

6.3 Verbes et substantifs
Verben und Substantive

Wie lauten die Sätze? Verbinden Sie die Satzhälften zu sinnvollen Sätzen.

1. Vous savez bien faire la	a. sel ?
2. Dans ton sac, il y a encore de la	b. cuisine ?
3. Tu me passes le	c. publicité.
4. Ça va plus vite. Prends l'	d. courses ?
5. Où est-ce que tu as	e. place ?
6. Pour vendre, il faut faire de la	f. autoroute !
7. A 70 ans, il fait encore du	g. mal ?
8. Il n'y a rien à manger, il faut faire des	h. sport !

1.	*b*
2.	
3.	
4.	
5.	
6.	
7.	
8.	

6.4 Verbes combinés avec d'autres mots
Verben in Verbindung mit anderen Wörtern

Setzen Sie die passenden Verben ein.

avoir   être   prendre   faire

l'heure
1. *avoir* 20 ans
soif

le train
3. _____ le petit-déjeuner
une photo

des études
2. _____ du théâtre
un gâteau

en vacances
4. _____ bon marché
en retard

6.5 Adjectifs et substantifs

Adjektive und Substantive

Beschreiben Sie die Personen mit Hilfe der angegebenen Satzteile.

en pleine forme   l'air triste   de bonne humeur
en mauvaise santé   en bonne santé   de mauvaise humeur

 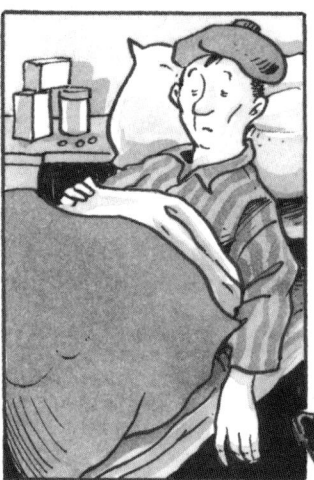 

1. Il est *en pleine forme.*

2. Il est _____

3. Elle a _____

4. Elle est _____

5. Il est _____

6. Elle est _____

6.6 Phrases avec il faut, il faut faire quelque chose

Sätze mit il faut, il faut faire quelque chose

a) Was braucht man um diese Gerichte vorzubereiten? Ordnen Sie zu.

1. Pour faire une pizza,	a. il faut aussi des bananes.	1.	*b*
2. Pour cette salade de fruits,	b. il faut des tomates.	2.	
3. Pour faire des crêpes,	c. il faut des olives.	3.	
4. Pour une salade niçoise,	d. il faut des œufs.	4.	

Wenn nach *il faut* ein Verb folgt, so steht es im Infinitiv, z.B. *il faut partir.*

b) Tragen Sie die Verben in die passenden Sätze ein.

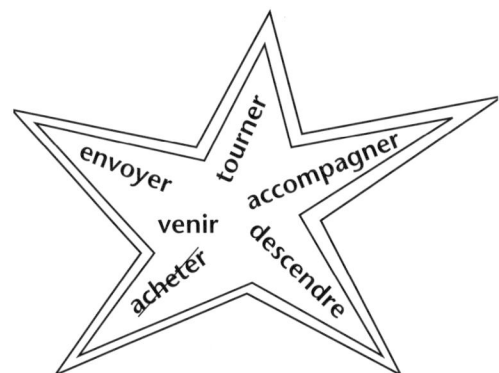

1. Vite, il faut _acheter_ des steaks maintenant ! La boucherie ferme bientôt.

2. Pour aller à l'opéra, il faut _____ à la prochaine station ?

3. Je voudrais aller à Orléans. Il faut _____ à droite ou à gauche ?

4. Samedi prochain, c'est l'anniversaire de Patrick. Nous faisons une petite fête.

   Il faut _____ !

5. Vous voulez réserver cet appartement pour le mois d'août ? Il faut

   _____ un fax tout de suite.

6. Il faut _____ ton frère au consulat demain matin.

7. Kapitel

Situations
Situationen

1. Feststehende Begriffe sind wichtig bei Unterhaltungen.

Wortschatz besteht nicht nur aus einzelnen Wörtern. Feststehende Redewendungen können auch sehr wichtig sein, besonders bei Unterhaltungen.
Hier einige Beispiele:

> *Comment ça va ?*
> *Enchanté de faire votre connaissance.*
> *Excusez-moi...*

2. Reagieren Sie immer passend.

Prägen Sie sich Vokabeln und Sätze ein, um in manchen Situationen schnell und angemessen zu reagieren, z. B. beim Einkaufen:

> *– C'est à qui ?*
> *≈ C'est à moi !*

Dire bonjour et au revoir

Sich begrüßen und sich verabschieden

Welcher Dialog passt zu welcher Zeichnung? Ordnen Sie die Dialoge den Zeichnungen zu.

a. ≈ Tiens ! Bonjour, Martine !
– Bonjour, Michel ! Quelle surprise !
≈ Qu'est-ce que tu fais ici ?
– J'attends mon taxi. Le voilà ! Bon, au revoir !
≈ Au revoir. A la prochaine fois !

1. *a*

b. ≈ Bonjour, monsieur. Je suis Charles Durand, de la société EDF.
– Bonjour, monsieur. Je suis Raoul Dubon. Enchanté.
Prenez place, je vous en prie.
Plus tard ...
≈ Au revoir, monsieur.
– Au revoir, monsieur.

2.

c. ≈ Salut, tout le monde !
– Salut, Paul ! Comment ça va ?
≈ Salut, mon vieux !
– Salut ! Tu prends aussi un petit café ?
Plus tard ...
≈ J'y vais. Merci pour le café ! Salut !

3.

d. ≈ Allô ?
– Bonjour, madame ! C'est Xavier Legrand. Jean est là ?
≈ Non, désolée, il est au cinéma.
– Ça ne fait rien. Merci, madame et bonne soirée !
≈ Merci. Au revoir, Xavier !

4.

7.2 Prendre rendez-vous

Sich verabreden

In den folgenden Dialogen finden Sie jeweils einen Satz, der nicht passt. Streichen Sie ihn durch.

---

1. – Allô ?
   ≈ Bonjour, Gina ! C'est Marc.
   – Salut, Marc !
   ≈ Tu es libre demain après-midi ?
   – Oui, qu'est-ce que tu veux faire ?
   ≈ J'ai envie d'aller au mini-golf. Et toi ?
   – D'accord. Tu viens me chercher ?
   ≈ A 1 heure et demie, ça va ? Vous vous lavez les mains.
   – Oui, ça va. Alors, à demain ! Je te fais une bise !
   ≈ Moi aussi. A demain !

---

2. – Bonjour, monsieur.
   ○ Bonjour, monsieur. Je voudrais faire une visite guidée des caves de champagne. Il y a une visite tous les après-midi. Vous avez envie de venir avec moi ?
   – Oui, c'est une bonne idée. La visite commence à quelle heure ? Il faut du sel ?
   ○ Elle commence à 15 heures et dure presqu'une heure.
   – On se donne rendez-vous à 14 heures 30 en face de la réception ?
   – D'accord, à cet après-midi.
   ○ A cet après-midi.

---

3. – Allô ?
   ≈ Allô, maman ? C'est Martine.
   – Bonjour, ma chérie. Ça va ?
   ≈ Maman, je suis désolée de te déranger au bureau. Avec cette grève des trains, je ne sais pas comment rentrer à la maison ce soir. J'aime la viande bien cuite. Tu es en voiture ?
   – Oui, pas de problème. On se donne rendez-vous vers 16 heures, à la porte de la Villette devant le café. Ça te va ?
   ≈ Oh, oui ! C'est vraiment gentil ! Je te remercie.
   – Bon, à tout à l'heure ! Je te fais une bise !
   ≈ Oui, moi aussi. A tout à l'heure !

7.3 A une fête
Auf einer Party

Zwei alte Bekannte treffen sich auf einer Party. Wenn Sie wissen wollen, über was sie sprechen, dann ergänzen Sie den Dialog mit den angegebenen Wörtern.

~~va~~	célibataire	aime	restée	présente	s'appelle	est	verre	
suis	Salut	prof	danser	enchanté	marié	ans	bien	

Daniel : Bonjour, François ! Comment ça _va_ ?

François : _____ , Daniel ! Ça va _____ , merci. Tu es toujours prof d'allemand ?

Daniel : Oui, je suis _____ à Reims depuis deux ans. Et toi ?

François : Je _____ technicien dans une usine près de Paris.
C'est un travail intéressant. Tu es toujours _____ ?

Daniel : Non, je suis marié depuis un an et demi. Ma femme _____
Anne, elle _____ Allemande. Nous nous sommes rencontrés à Berlin.
Et toi, tu es _____ ?

François : Je suis marié depuis deux _____ et demi et nous avons une
petite fille qui s'appelle Sophie. Malheureusement, Sophie est malade,
alors ma femme est _____ à la maison.

Daniel : C'est dommage ! Viens, je vais te présenter Anne. Anne, je te
_____ un ami, François Daubert. Voici Anne, ma femme.

François : Bonjour, _____ . Alors, vous avez quitté Berlin pour
venir à Reims. Ça vous plaît ?

Anne : Bonjour. Oui, j' _____ beaucoup la ville et sa région. C'est près
de Paris, ce n'est pas loin de l'Allemagne et puis, j'adore le
champagne !

François : Vous avez raison. Vous voulez _____ , Anne ?

Anne : Oui, volontiers !

Daniel : Et moi, je vais chercher un _____ de vin pour chacun ! A tout de
suite !

7.4 A la gare et à l'aéroport
Auf dem Bahnhof und auf dem Flughafen

Was würden Sie in den folgenden Situationen auf Französisch sagen?

a. Je voudrais un aller simple Lille–Lyon.
b. Je voudrais un compartiment non-fumeur.
c. Il faut changer ?
d. Je voudrais faire une réservation.
e. Il y a une correspondance le dimanche soir ?
f. Le vol AF 611 est annulé ?
g. Le billet pour Lyon coûte combien ?
h. Quand est-ce qu'il y a un avion pour Madrid ?

Was sagen Sie, wenn ...

1. Sie eine einfache Zugfahrkarte von
   Lille nach Lyon kaufen möchten?

   Je voudrais un aller simple Lille–Lyon.

2. Sie jemanden fragen, ob man
   umsteigen muss?

   _____
   _____

3. Sie jemanden fragen, wann ein
   Flugzeug nach Madrid geht?

   _____
   _____

4. Sie fragen, ob der Flug AF 611
   abgesagt ist?

   _____
   _____

5. Sie fragen, ob es eine Verbindung
   am Sonntagabend gibt?

   _____
   _____

6. Sie eine Reservierung vornehmen
   möchten?

   _____
   _____

7. Sie fragen, wie viel eine Fahrkarte
   nach Lyon kostet?

   _____
   _____

8. Sie ein Nichtraucherabteil
   möchten?

   _____
   _____

7.5 Faire des courses
Einkäufe machen

a) Ergänzen Sie den Dialog mit den angegebenen Sätzen.

1. ~~Bonjour, monsieur ! Vous désirez ?~~
2. Merci. Alors ... 41 F ... et 59 F qui font 100 F. Merci, monsieur, et bonne journée !
3. Voilà une belle tranche. Et avec ça ?
4. Ça fait 41 F, monsieur. Je vous donne un sac ?

A la charcuterie.

Le client :	Bonjour, madame !
La vendeuse :	*Bonjour, monsieur ! Vous désirez ?*
Le client :	Je voudrais une tranche de pâté, s'il vous plaît !
La vendeuse :	_____
Le client :	C'est tout, merci. Ça fait combien ?
La vendeuse :	_____
Le client :	Non, merci. Voilà 100 F.
La vendeuse :	_____
Le client :	Merci. Au revoir, madame !

b) Die Sätze sind durcheinander geraten. Dennoch fällt es Ihnen bestimmt leicht, die Sätze der Reihenfolge nach zu nummerieren.

Au rayon fromage, dans une queue.

1	Le vendeur :	a.	C'est à vous, madame ?
2	La cliente :	b.	Oui, c'est à moi. Je voudrais deux camemberts bien faits, s'il vous plaît.
☐	Le vendeur :	c.	Et voilà deux camemberts bien faits. Avec ceci ?
☐	La cliente :	d.	Ça ne fait rien. Je vous dois combien ?
☐	Le vendeur :	e.	Désolé, je n'ai plus de Roquefort, madame.
☐	La cliente :	f.	Vous avez du Roquefort ?
☐	Le vendeur :	g.	C'est juste, je vous remercie. Au revoir, madame !
☐	La cliente :	h.	Voici 29 F.
☐	Le vendeur :	i.	Ça fait 29 F, madame.
☐	La cliente :	j.	Au revoir, monsieur.

7.6 Les vêtements
Die Kleidung

Il est habillé comme un épouvantail. Er sieht aus wie eine Vogelscheuche.
Streichen Sie die Sätze durch, die nicht zu dem Bild passen.

1. Il porte une cravate.

2. La veste est trop étroite.

3. Le costume lui va bien.

4. Le chapeau est trop grand.

5. La veste est élégante.

6. C'est très chic.

7. Les chaussures sont trop petites.

8. Les manches sont trop courtes.

9. Les chaussures sont trop grandes.

10. Il porte une jupe.

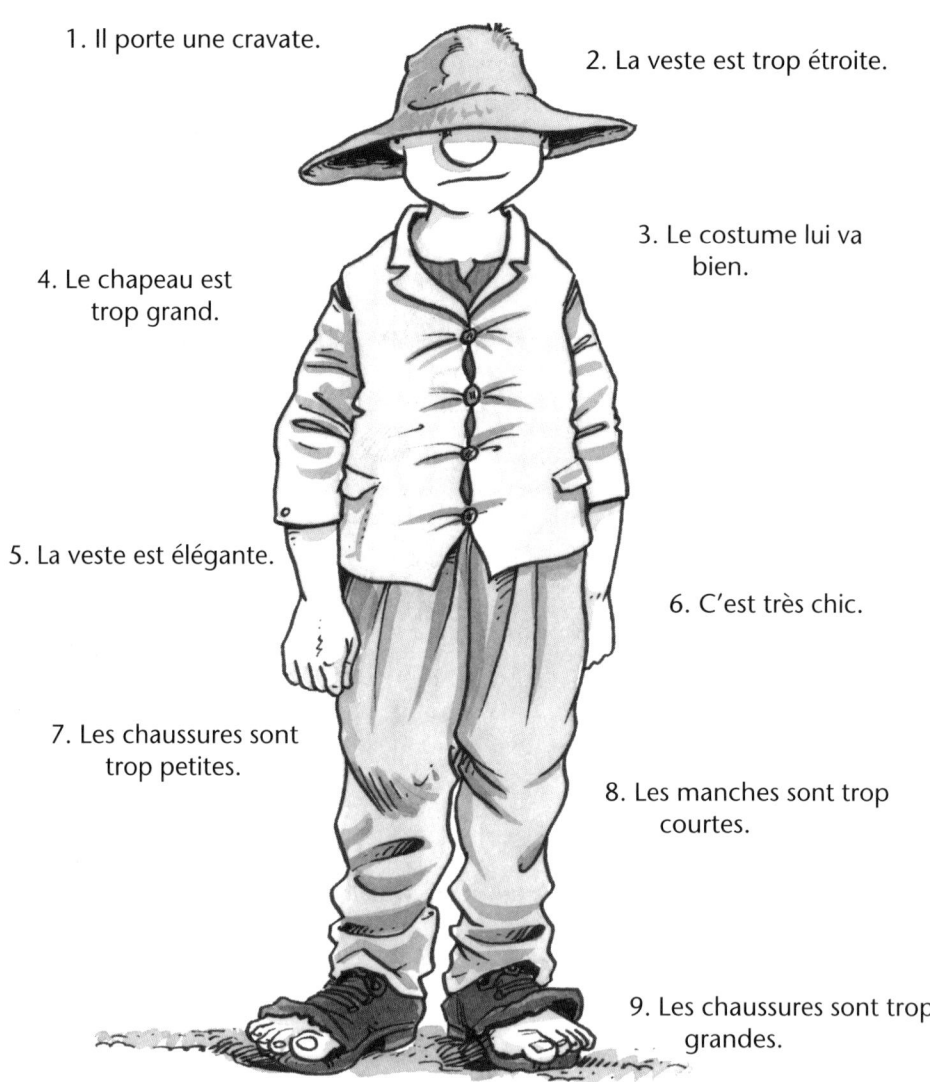

7.7 Commander un repas
Ein Essen bestellen

Lesen Sie die Karte durch und ergänzen Sie den Dialog mit den fehlenden Wörtern.

ENTRÉE

Salade de saison
ou pâté de campagne
ou soupe de tomates

PLAT PRINCIPAL

Steak grillé avec pommes de terre
et haricots verts
ou
Truite avec riz et légumes

PLATEAU DE FROMAGE

ou

DESSERT

Crème au caramel
ou coupe de glace
ou tarte aux pommes

Prix du menu : 90 F. Service compris.

≈ Bonjour, monsieur. Vous désirez ?

– Je voudrais un __*menu*__ à 90 F, s'il vous plaît.

≈ Oui. Vous avez déjà choisi ?

– Comme _____ , je voudrais une salade.
   Ensuite, je vais _____ un steak grillé.

≈ Alors, une _____ de saison et un steak grillé. Bien
   cuit, à point ou _____ le steak ?

– A point, s'il vous plaît !

≈ Et vous désirez _____ ?

– Vous avez du vin en pichet ?

≈ Oui, monsieur. Je vous recommande notre Beaujolais.

– D'accord, j'aimerais un quart de _____ rouge et une carafe
   d'eau.

≈ Un quart de vin et une carafe d'eau. Vous préférez
   attendre pour le fromage et pour le _____ ?

– Non, non. Je vais prendre un morceau de _____ aux
   pommes.

≈ Merci, monsieur. Je vous apporte le Beaujolais tout de suite !

menu
boire
saignant
entrée
vin
tarte
prendre
dessert
salade

7.8 Demander son chemin

Nach dem Weg fragen

Lesen Sie diesen Dialog durch und tragen Sie den empfohlenen Weg ein.
Mit welchem Buchstaben ist das Hotel markiert?

– Pardon, madame. Je cherche l'hôtel du Cheval blanc, s'il vous plaît ?
~ Ce n'est pas dans ce quartier. Vous avez un plan de la ville ?
– Oui, ici.
~ Regardez ... Alors, là-bas, après l'église, vous tournez à droite. Vous continuez tout droit. Vous passez devant un grand supermarché. Vous arrivez à un carrefour : là, vous tournez à gauche. Tout de suite après, il y a un rond-point : au rond-point, vous prenez la deuxième à droite. C'est la direction de Joinville, je crois.
– Ah oui, c'est ici !
~ Ensuite, vous allez tout droit. Vous passez sur un pont. Après le pont, à droite, c'est l'hôtel du Cheval blanc.
– Merci beaucoup, madame. Au revoir.
~ De rien. Au revoir, monsieur.

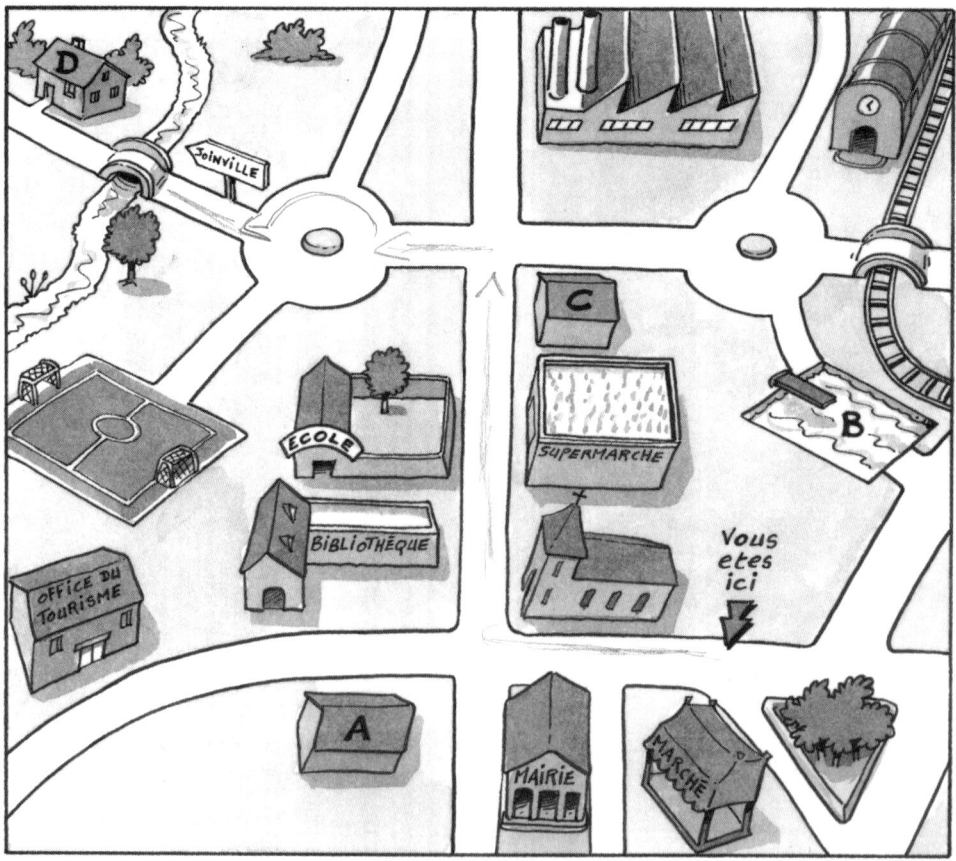

Lesen Sie die Anzeigen und entscheiden Sie, wo jede Gruppe ihren Urlaub am Besten verbringen kann. Ordnen Sie die Ferienziele zu.

a. _____

LOCATIONS. Offres

1. Antibes villa 6 pers. près de plage de sable, jardin, garage, juill. à sept., la semaine 3000 F.
Tél. 02.99.78.22.11

b. _____

2. Hôtel Biarritz, mer, piscine, sauna voile, surf, pêche, pension complète (ou demi-pension), la sem. 1200 F par pers. Réservation et informations, tél ou fax 03.42.75.67.33

3. Studio banlieue parisienne, 35 m², cuisine-bar, balcon, 3000 F par mois avec charges. Tél. 01.65.14.42.81

4. Bel appartement Val d'Isère, 2 pers., nature, randonnées, nombreuses possibilités sortir le soir. Libre août. 1500 F la semaine.
Tél. 04.51.99.34.79 après 20 h

c. _____

7.10

A l'hôtel
Im Hotel

Ergänzen Sie den Dialog mit den fehlenden Sätzen.

a. Bonjour, Monsieur-dame ! La réservation est à quel nom ?
b. Très tranquille, monsieur.
c. On sert le petit-déjeuner de 7 heures à 10 heures dans la salle à manger.
   Remplissez cette fiche, s'il vous plaît ! Voilà votre clé !
d. M. et Mme Berger ... Oui, une chambre pour deux personnes, avec douche et
   toilettes.
e. Je vous en prie, Monsieur-dame. Bonne soirée !

M. Berger :   Bonjour, monsieur. J'ai réservé une chambre pour deux personnes.

L'employé :   *Bonjour, Monsieur-dame !*

    La réservation est à quel nom ?

M. Berger :   Monsieur et Madame Berger.

L'employé :   _____

    _____

M. Berger :   Est-ce que la chambre est tranquille ?

L'employé :   _____

M. Berger :   Le petit-déjeuner est à quelle heure ?

L'employé :   _____

    _____

    _____

M. Berger :   Merci beaucoup, monsieur.

L'employé :   _____

7.11 Réclamations
Reklamationen

Was sagen Sie in folgenden Situationen? Tragen Sie den passenden Satz ein.

a. Il n'y a pas d'eau chaude.

b. La douche est bouchée.

c. Il y a une erreur dans la note.

d. Le thé est froid.

e. Ce n'est pas ma clé.

f. Il n'y a plus de sucre.

g. Il n'y a pas de lumière.

h. Je n'ai pas de couteau.

i. Le téléphone ne marche pas.

j. Il y a trop de bruit !

k. La télévision ne marche pas.

Im Zimmer

1. Es hat kein warmes Wasser.   *Il n'y a pas d'eau chaude.*

2. Das Licht funktioniert nicht.   _____

3. Die Dusche ist verstopft.   _____

4. Das Telefon funktioniert nicht.   _____

5. Es ist zu laut.   _____

6. Der Fernseher läuft nicht.   _____

Am Frühstückstisch

7. Der Tee ist kalt.   _____

8. Sie haben kein Messer.   _____

9. Es gibt keinen Zucker mehr.   _____

An der Rezeption

10. In der Abrechnung ist ein Fehler.   _____

11. Das ist nicht ihr Schlüssel.   _____

7.12 A la recherche d'un appartement
Auf Wohnungssuche

a) *In der linken Spalte befinden sich gängige Abkürzungen. Verbinden Sie sie mit den ausführlichen Ausdrücken der rechten Spalte. Schreiben Sie anschließend die deutschen Entsprechungen dazu.*

> ~~sehr gute Ausstattung~~   inklusive Nebenkosten   **Einbauküche**
>
> Zentralheizung   Stockwerk   **sehr guter Zustand**

1. tt. conf.
2. c.c.
3. cuis.éqp.
4. t.b.é.
5. chauff.coll.
6. ét.

a. charges comprises _____
b. étage _____
c. très bon état _____
d. cuisine équipée _____
e. tout confort   *sehr gute Ausstattung*
f. chauffage collectif _____

Wenn Sie, um eine Wohnung zu finden, in den französischen Zeitungen die Kleinanzeigen lesen, wird Ihnen sicherlich auffallen, dass es Kategorien gibt wie F1, F2, etc. F4 bedeutet, dass eine Wohnung drei Schlafzimmer, Küche, Bad und ein Wohnzimmer mit Essbereich hat.

b) *Ergänzen Sie den Dialog mit den passenden Wörtern.*

~~annonce~~   comprises   visiter   loyer   libre   caution

> Orléans F2
> libre de suite,
> 1500 F/mois,
> caution 3000 F
> Agence Immo
> Fax et tél.
> 05.33.11.76.90

≈ Agence Immo, bonjour !

– Ici, M. Varel. Bonjour, madame ! J'ai lu votre *annonce* _____, un F2 à louer à Orléans : il est encore _____ ?

≈ Oui, monsieur, un beau F2 de 50m².

– Est-ce que je peux le _____ ?

≈ Bien sûr. Cet après-midi, à 17 heures, si vous voulez ? C'est au 2, rue Gambetta.

– D'accord. Est-ce que les charges sont _____ ?

≈ Oui, le _____ est de 1500 F, toutes charges comprises. Il y a aussi une _____ de 3000 F.

– Bien, je vous remercie. Au revoir, madame !

≈ Au revoir, monsieur.

a) Im Minitel hat Pierre folgende Anzeige gefunden. Lesen Sie sie durch und tragen Sie die fehlenden Informationen ein.

serveuses

salaire

références

allemand

> Café-Bar-Restaurant "Le Lavandou"
> cherche serveurs / *serveuses*
> connaissances d'anglais
> et d'_____ ,
> pour l'été, mi-temps possible,
> bon _____ + pourboires.
> Téléphoner ou se présenter après
> 19 h avec _____
> Tél. 04.97.33.33.81

b) Pierre möchte sich bewerben und ruft an. Ergänzen Sie das Gespräch mit den passenden Wörtern.

cherche dans comment parlez présenter

Pierre : Allô ? Bonjour. C'est bien le restaurant "Le Lavandou" ?

M. Louis : Oui, bonjour, monsieur.

Pierre : Bonjour, monsieur. Pierre Lebrac à l'appareil. Je *cherche* un travail de serveur pour l'été.

M. Louis : Vous _____ anglais et allemand ? Vous avez des références ?

Pierre : Oui, je suis trilingue et j'ai déjà travaillé _____ un café.

M. Louis : D'accord. Vous pouvez vous _____ quand ?

Pierre : Je peux venir mercredi soir.

M. Louis : Vous vous appelez _____ ?

Pierre : Pierre Lebrac.

M. Louis : Bon, je vous attends mercredi soir. Au revoir, monsieur.

Pierre : Merci, monsieur. Au revoir.

In Frankreich werden die Ärzte mit *docteur* angesprochen, was in diesem Fall kein akademischer Titel ist, sondern eine Berufsbezeichnung.

Lesen Sie den Text durch und beantworten Sie danach die Fragen mit *vrai* oder *faux*.

Avoir mal aux dents ou être malade est toujours désagréable surtout si on est en vacances à l'étranger !
N'allez jamais chez le docteur sans votre porte-monnaie, votre carte d'assuré ne suffit pas ! En effet, en France, le patient paie directement le médecin à la fin de la consultation. Vous recevez alors une feuille de soins avec le nom du médecin et la somme que vous avez payée. Sur une autre feuille, l'ordonnance, il écrit les noms des médicaments que vous devez acheter.
Pour avoir les médicaments, vous allez à la pharmacie. Là encore, il faut payer tout de suite. A la maison, vous collez les vignettes, qui sont sur les médicaments, dans la feuille de soins.
Vous l'avez déjà compris ! Pour vous faire rembourser en Allemagne, vous devez envoyer la feuille de soins avec les vignettes à votre assurance maladie !

---

	vrai	faux
1. En France, il faut payer le docteur tout de suite.	X	
2. La carte d'assuré allemande suffit.		X
3. Il ne faut pas payer les médicaments tout de suite.		X
4. Le médecin vous donne une ordonnance.	X	
5. Il faut coller les vignettes dans la feuille de soins.	X	
6. Il faut envoyer la feuille de soins à votre assurance.	X	
7. On achète les médicaments à la pharmacie.	X	

8. Kapitel

Grammaire
Grammatik

1. Grammatische Regeln sind wichtige Werkzeuge um eine Sprache zu lernen.

Damit man Wörter zu einem Satz verbinden kann, benötigt man grammatische Regeln. Lernen Sie grammatische Strukturen immer zusammen mit Beispielen, damit Sie sich die grammatischen Gesetzmäßigkeiten besser merken können.

2. Üben Sie die neu erlernte Grammatik.

Zur aktiven Sprachbeherrschung und richtigen Anwendung der grammatischen Strukturen bedarf es der Übung.

3. Grammatik im täglichen Leben.

Schreiben Sie grammatische Regeln in Form von Beispielsätzen oder Verbkonjugationen auf ein großes Blatt. Hängen Sie dieses Blatt an Orte in Ihrer Wohnung/Ihrem Haus, die Sie täglich aufsuchen und an denen Sie länger verweilen, z.B. die Toilette, die Küche etc. Lesen Sie sich täglich die Strukturen durch. Nach einem bestimmten Zeitraum haben Sie sich die Regeln/Konjugationen en passant eingeprägt.

8.1 Le pluriel des substantifs

Der Plural der Substantive

Die meisten Substantive bilden ihren Plural auf -s, z.B.:

le verre	→	les verres,
la lettre	→	les lettres.

Die Substantive auf -au und die meisten auf -al bilden ihren Plural auf -aux:

l'eau	→	les eaux,
le cheval	→	les chevaux.

Dieser Flohmarkttisch ist reichlich gefüllt. Beschreiben Sie nun die zehn Waren, die angeboten werden.

Sur la table, il y a ...

1. *des livres.*
2. _____
3. _____
4. _____
5. _____

6. _____
7. _____
8. _____
9. _____
10. _____

Substantif et adjectif
Substantiv und Adjektiv

Im Französischen muss ein Adjektiv seinem Substantiv in Geschlecht und Zahl angeglichen werden, z.B. *un appartement clair, une maison claire.*

Welches Adjektiv passt aufgrund seiner Form nicht zu dem Substantiv? Finden Sie es heraus.

1. C'est un livre
   - ☒ a. chères.
   - ☐ b. intéressant.
   - ☐ c. ennuyeux.

6. C'est un cinéma
   - ☐ a. international.
   - ☐ b. tristes.
   - ☐ c. agréable.

2. C'est une ville
   - ☐ a. touristique.
   - ☐ b. européenne.
   - ☐ c. modernes.

7. C'est un repas
   - ☐ a. françaises.
   - ☐ b. léger.
   - ☐ c. froid.

3. C'est un pantalon
   - ☐ a. chaud.
   - ☐ b. noir.
   - ☐ c. blanche.

8. C'est une chaise
   - ☐ a. dure.
   - ☐ b. confortable.
   - ☐ c. vert.

4. C'est une personne
   - ☐ a. malheureux.
   - ☐ b. difficile.
   - ☐ c. heureuse.

9. C'est un quartier
   - ☐ a. calmes.
   - ☐ b. différent.
   - ☐ c. pauvre.

5. C'est une voiture
   - ☐ a. neuve.
   - ☐ b. étrangers.
   - ☐ c. allemande.

10. C'est un temps
   - ☐ a. sec.
   - ☐ b. fraîche.
   - ☐ c. froid.

8.3 Adjectif ou adverbe
Adjektiv oder Adverb

Adjektiv oder Adverb? In der Regel begleitet ein Adjektiv ein Substantiv oder steht als Prädikat hinter *être*, z.B. *un bon repas* oder *le repas est bon.*
Ein Adverb hingegen begleitet ein Verb und definiert dieses näher wie in *il parle bien allemand.*

Adjektiv oder Adverb? Welches Wort gehört in den Satz. Kreuzen Sie es an.

1. Il se sent	☐ a. bon ☐ b. bien	ce soir.
2. Luc joue	☐ a. mal ☐ b. mauvais	au tennis.
3. Le bus est	☐ a. complet ☐ b. complètement	après les matchs.
4. Cécile conduit	☐ a. lentement ☐ b. lente	en ville.
5. Elle parle	☐ a. rapide ☐ b. vite	au téléphone.
6. Marielle aime lire des histoires	☐ a. vraies. ☐ b. vraiment.	
7. Uwe apprend	☐ a. facile ☐ b. facilement	le français.
8. C'est un	☐ a. longtemps ☐ b. long	voyage en voiture.

8.4 Les verbes et leur infinitif
Die Verben und ihr Infinitiv

Denken Sie daran, dass man viele Endungen gar nicht hört. Zum Beispiel hören sich *je quitte, tu quittes, elle quitte* und *elles quittent* gleich an. Wenn Sie die Formen schrift-lich fixieren wollen, müssen Sie deshalb wissen, welche Endung zu verwenden ist.

Ordnen Sie die Verbformen den Infinitiven zu.

~~je sers~~	j'éteins	je dois	elles conduisent
il tient	tu viens	vous croyez	tu vis
je vais	tu dors	ils écrivent	il sait
nous buvons	nous faisons	nous sommes	assieds-toi

1. servir	*je sers*	9. croire	
2. s'asseoir		10. tenir	
3. conduire		11. vivre	
4. écrire		12. boire	
5. faire		13. devoir	
6. éteindre		14. être	
7. aller		15. venir	
8. dormir		16. savoir	

8.5 Verbes au présent
Verben im Präsens

 Verbformen sind wichtig! Deshalb schreiben Sie sich jedes neue Verb mit allen Formen auf ein Karteikärtchen und schauen Sie es sich anschließend so oft an bis Sie die Konjugation intus haben.

Vervollständigen Sie den Text mit Hilfe der angegebenen Verben.

1. *Félix :*   Salut, Gisèle ! Salut, Jean ! Vous *partez* _____ en vacances où ?
   (partir)

2. *Gisèle et Jean :*   Bonjour, Félix ! Cette année, nous _____ au
   (aller)

   Canada. Nous _____ envie de visiter le Québec.
   (avoir)

3. *Félix :*   Vous _____ comment au Canada ?
   (voyager)

4. *Gisèle et Jean :*   Nous _____ l'avion jusqu'à Toronto et puis nous
   (prendre)

   _____ une voiture. Nous _____ faire du
   (louer)   (vouloir)

   camping, mais, dans les villes, nous _____ à
   (dormir)
   l'hôtel.

5. *Félix :*   Tu _____ que j' ____ un cousin qui _____
   (savoir)   (avoir)   (être)

   photographe à Québec. Je _____ lui téléphoner. Vous
   (aller)

   _____ peut-être rester quelques jours chez lui ?
   (pouvoir)

6. *Gisèle et Jean :*   Vraiment ? Oh, merci ! Tu _____ très gentil !
   (être)

7. *Félix :*   Il n'y _____ pas de quoi. Je _____ de tout,
   (avoir)   (s'occuper)

   mais vous m' _____ des cartes postales ! D'accord ?
   (envoyer)

8. *Gisèle et Jean :*   Bien sûr. Et toi ? Qu'est-ce que tu _____ ?
   (faire)

9. *Félix :*   Je _____ travailler, malheureusement ! Au revoir et
   (devoir)

   bonnes vacances !

10. *Gisèle et Jean :*   Au revoir, Félix ! Bon courage !

Le futur proche
Die nahe Zukunft

Die nahe Zukunft kann man leicht mit *aller* + Infinitiv ausdrücken:

Il va venir (bientôt). → Er wird (bald) kommen.

Corinne Müller erzählt, was sie morgen vorhat. Setzen Sie die Sätze in das futur proche.

Le matin, je travaille.	1. Le matin, je *vais travailler* .
A midi, je rentre manger à la maison.	2. A midi, je _____ manger à la maison.
Je fais des courses avec une amie.	3. Je _____ des courses avec une amie.
Les enfants reviennent de l'école vers 17 heures.	4. Les enfants _____ de l'école vers 17 heures.
Philippe rentre du travail à 18 heures.	5. Philippe _____ du travail à 18 heures.
Philippe et moi, nous faisons la cuisine.	6. Philippe et moi, nous _____ _____ la cuisine.
Mes parents arrivent pour dîner.	7. Mes parents _____ _____ pour dîner.
Nous mangeons tous ensemble.	8. Nous _____ tous ensemble.
Les enfants se couchent à 21 heures.	9. Les enfants _____ à 21 heures.
Mes parents partent vers 22 heures.	10. Mes parents _____ _____ vers 22 heures.
Nous nous couchons vers 23 heures.	11. Nous _____ vers 23 heures.

85

8.7 Phrases avec être en train de + infinitif

Sätze mit être en train de + Infinitiv

Mit der Verlaufsform kann man den Verlauf einer Handlung ausdrücken, z.B.
Il est en train de dormir. Er schläft gerade.

Fragen Sie zunächst, was die auf den Bildern dargestellten Personen machen, und beantworten Sie anschließend die Frage mit Hilfe der Bilder und der angegebenen Verben.

prendre une douche	faire du ski	manger	téléphoner

1. – Qu'est-ce qu'il _est en train_ de faire ?

   ≈ Il _est en train de prendre une douche._

2. – Qu'est-ce que tu _____ de faire ?

   ≈ Je _____

3. – Qu'est-ce que vous _____ de faire ?

   ≈ Nous _____

4. – Qu'est-ce qu'elles _____ de faire ?

   ≈ Elles _____

8.8 Passé composé ou imparfait
Perfekt oder Imperfekt

Mit dem *passé composé* kann man eine Handlung aus der Vergangenheit wiedergeben: *Louis est allé faire des courses à Colmar, il a fini ses courses, il a dîné dans un petit restaurant, il a pris une assiette de choucroute et bu une bière alsacienne.*
Wie die Randbedingungen waren, d.h., wie das Restaurant aussah, wie spät es war, wie sich Louis fühlte, wie das Essen schmeckte, erzählt man im *imparfait*: *il était tard, il était fatigué, il avait faim, le restaurant était sympathique et la choucroute était très bonne.*
So könnte nun diese Geschichte zusammengefasst werden:
Samedi dernier, Louis est allé faire des courses à Colmar. Il a fini ses courses vers 20 heures. Il était tard, il était fatigué et il avait faim, alors il a dîné dans un petit restaurant. Il a pris une assiette de choucroute et bu une bière alsacienne. La choucroute était très bonne !

Vervollständigen Sie den Text mit den angegebenen Verben in der Vergangenheit.

1. Dimanche dernier, Adrien et moi, nous __*avons fait*__ une promenade dans

                                                         faire

les Pyrénées. 2. Samedi, nous _____ nos sacs et

         préparer

j'_____ la météo : les nouvelles _____ bonnes. 3. Dimanche,

   écouter   être

nous _____ tout de suite après le petit-déjeuner. 4. Dans nos

          partir

sacs, nous _____ des pullovers, à boire et à manger. 5. A Gavarnie, il

          avoir

_____ très beau. 6. Après deux heures de marche, nous _____

  faire   arriver

en haut : il y _____ une vue superbe ! 7. Alors j' _____

         avoir   prendre

quelques photos et Adrien _____ . 8. Ensuite nous

                                 se reposer

_____ un casse-croûte. 9. Tout à coup, nous _____

  manger   voir

des nuages qui _____ . 10. Alors, nous _____

        arriver   se lever

et nous _____ très vite.

         marcher

8.9 Indications de lieu
Ortsangaben

Beschreiben Sie die Bilder mit Hilfe der angegebenen Präpositionen.

à côté du	à gauche du	derrière	sous	dans
en face du	à droite du	au bord de	sur	entre

1. La boucherie est _à côté du_____ café.

2. La jeune femme est _____ la voiture.

3. Le chat est _____ la voiture.

4. La boulangerie est _____ restaurant.

5. Le restaurant est _____ magasin de chaussures.

6. L'oiseau est _____ l'arbre.

7. Le café est _____ la boucherie et le magasin de chaussures.

8. Le garçon est _____ la rivière.

9. Le magasin de chaussures est _____ café.

10. Le chien est _____ l'arbre.

8.10 Quelques prépositions
Einige Präpositionen

Achten Sie auf die Präpositionen bei Ländernamen. Wenn Sie ein Ziel oder einen Aufenthaltsort bei femininen Ländernamen angeben wollen, so verwenden Sie einfach *en*:
Je vais en France. Il est en Autriche.
Bei maskulinen Ländernamen steht *à* + Artikel:
Il va au Portugal et puis aux Etats-Unis.

a) Ergänzen Sie die Sätze mit en, au oder aux.

1. André voyage beaucoup. Il va souvent _____ Belgique, _____ Allemagne, _____ Danemark, _____ Hollande, _____ Japon et _____ Canada.

2. En ce moment, il habite _____ Etats-Unis mais il veut aller habiter _____ Espagne, _____ Portugal ou _____ Italie.

b) Tragen Sie die passenden Präpositionen ein.

pour	du	à la	chez	aux	du	à
à l'	avec	de	au	sans	à	de

1. Il y a une lettre *pour* toi !

2. Est-ce que tu viens _____ moi _____ cinéma ?

3. J'achète mon pain _____ le boulanger.

4. Paul revient _____ travail _____ 18 heures.

5. Lucie va _____ boucherie.

6. Les Rapp habitent _____ Cologne.

7. Eugénie prend toujours son thé _____ sucre.

8. Ils reviennent _____ Rome.

9. Jacques fait _____ volleyball.

10. C'est une bouteille _____ lait.

11. Ils vont souvent _____ église.

12. Ils jouent _____ cartes.

8.11 La quantité
Die Menge

Denken Sie daran, dass man bei Mengen im Französischen den Teilungsartikel benützt, z.B.: *Pour faire un gâteau, il faut de la farine, du lait, des œufs et du sucre.*
Um einen Kuchen zu backen, braucht man Mehl, Milch, Eier und Zucker.

a) In Frau Dubois Küche fehlen einige Lebensmittel. Ergänzen Sie den Text mit den fehlenden Teilungsartikeln.

Il manque _du_ fromage, _____ vin, _____ pommes, _____ champignons, _____ pâté, _____ farine, _____ pommes de terre et _____ haricots.

b) Diese Einkaufsliste weist Lücken auf. Vervollständigen Sie sie mit den entsprechenden Mengenangaben mit Hilfe der Bilder.

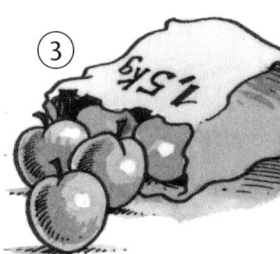

Il faut acheter . . .

1) *un morceau* de Brie.
2) _____ de rosé.
3) _____ de pommes.
4) _____ de champignons.
5) _____ de pâté.
6) _____ de farine.
7) _____ de pommes de terre.
8) _____ de haricots.

8.12 La question avec est-ce que
Die Frage mit est-ce que

Die Frage mit *est-ce que* ist immer richtig und wichtig.

Françoise Noblet trifft Michel Dubois bei einer Fortbildung. Formulieren Sie die Fragen, die Françoise Michel stellt. Die Antworten von Michel haben wir für Sie angegeben.

1. *Françoise :* *Comment est-ce que tu t'appelles* ?

   Michel : Je m'appelle Michel Dubois.

2. *Françoise :* _____ ?

   Michel : J'habite à Limoges.

3. *Françoise :* _____ ?

   Michel : Oui, j'aime beaucoup Limoges.

4. *Françoise :* _____ ?

   Michel : Oui, je suis professeur d'espagnol.

5. *Françoise :* _____ ?

   Michel : Je suis professeur parce que j'aime les enfants et l'Espagne.

6. *Françoise :* _____ ?

   Michel : Oui, je parle anglais et espagnol.

7. *Françoise :* _____ ?

   Michel : Oui, je suis déjà allé en Angleterre en 1989 et en 1992.

8. *Françoise :* _____ ?

   Michel : Non, je ne connais pas Manchester.

9. *Françoise :* _____ ?

   Michel : Oui, j'ai visité Oxford.

   Françoise : Oh ! Dépêchons-nous ! Le cours va commencer.

8.13 Les pronoms relatifs
Die Relativpronomen

Achtung vor Vokal und stummem *h* wird *que* zu *qu'*.

Qui est-ce ? Wer ist das? Ergänzen Sie die Sätze mit den Relativpronomen qui oder que. Tragen Sie anschließend die Namen der gesuchten Personen ein.

---

1. C'est un homme ___*qui*___ est né à Jarnac, en France, en 1916.

   _____ tous les Français connaissent bien.

   _____ aimait la politique, la littérature et la nature.

   _____ M. Helmut Kohl aimait beaucoup.

   _____ a été deux fois Président de la République.

   _____ est mort le 8 janvier 1996 à Paris.

   Qui est-ce ? C'est _____ .

---

2. C'est une femme _____ est née à Paris en 1943.

   _____ est actrice.

   _____ a une fille de Marcello Mastroianni.

   _____ on voit souvent dans des films français.

   _____ a reçu un oscar pour le film "Le Dernier Métro".

   _____ on connaît dans le monde entier.

   Qui est-ce ? C'est _____ .

8.14 Les pronoms possessifs
Die Possessivpronomen

Denken Sie daran, dass sich die Possessivpronomen in Zahl und Geschlecht nach dem Besitz richten: *mon père* aber *ma mère*.

a) Tragen Sie die fehlenden Possessivpronomen in die Tabelle ein.

	masculin singulier	féminin singulier	pluriel
je	*mon* livre	_____ valise	_____ amis
tu	_____ livre	_____ valise	*tes* amis
il / elle	*son* livre	_____ valise	_____ amis
nous	_____ livre	*notre* valise	_____ amis
vous	*votre* livre	_____ valise	_____ amis
ils / elles	_____ livre	*leur* valise	_____ amis

b) Welches Substantiv passt nicht zu dem jeweiligen Possessivpronomen? Kreuzen Sie das Substantiv, das nicht passt, an.

1. mon
   - ❏ a. frère
   - ❏ b. sœur
   - ❏ c. ami

2. sa
   - ❏ a. pension
   - ❏ b. vie
   - ❏ c. verre

3. tes
   - ❏ a. jambe
   - ❏ b. dents
   - ❏ c. cheveux

4. leurs
   - ❏ a. enfants
   - ❏ b. meubles
   - ❏ c. sentiment

5. vos
   - ❏ a. voyages
   - ❏ b. revue
   - ❏ c. vacances

6. ses
   - ❏ a. carnet
   - ❏ b. prix
   - ❏ c. lunettes

7. notre
   - ❏ a. congés
   - ❏ b. ticket
   - ❏ c. sécurité

8. ton
   - ❏ a. linge
   - ❏ b. ménage
   - ❏ c. carte

9. votre
   - ❏ a. réunion
   - ❏ b. pieds
   - ❏ c. examen

8.15 La négation
Die Verneinung

 Denken Sie daran, dass die französische Verneinung aus zwei Teilen besteht und das konjugierte Verb umschließt:
Il ne vient pas. *Il n'est pas venu.*

Ergänzen Sie die Antworten mit den angegebenen Verneinungen.

n'... plus	n'... pas	ne... personne	ne... rien	n'... jamais
ne... plus	n'... rien	n'... personne	ne... pas	

1. Est-ce qu'il y a encore de la viande ?

   Non, désolé ! Il _n'_ y a _plus_ de viande.

2. Est-ce que les Martin viennent aussi ?

   Malheureusement, les Martin _____ viennent _____ .

3. Ils ont souvent pris l'avion ?

   Non, ils _____ ont _____ pris l'avion.

4. Est-ce que tu vois quelqu'un au guichet ?

   Non, je _____ vois _____ au guichet.

5. Elle veut quelque chose à manger ?

   Non, elle _____ veut _____ à manger.

6. Est-ce qu'il a mal à la gorge ?

   Non, il _____ a _____ mal à la gorge.

7. Tu invites quelqu'un pour ton anniversaire ?

   Non, je _____ invite _____ pour mon anniversaire.

8. Elle achète quelque chose ?

   Non, elle _____ achète _____ .

9. Ton père travaille encore ?

   Non, il _____ travaille _____ depuis 1995.

8.16 La comparaison
Die Steigerung

Die Bildung des Komparativs ist ganz einfach. Verwenden Sie *plus...que* oder *moins...que*, um Adjektive zu steigern. Das Bezugswort wird mit *que* angeschlossen.

a) Vergleichen Sie die verschiedenen Dinge oder Personen mit Hilfe der angegebenen Adjektive.

1. la France / le Liechtenstein / grand

   La France est *plus grande que le Liechtenstein*   .

2. Christine (1,44 m) / Michelle (1,56 m) / petit

   Christine est _____ .

3. Lucien (69 ans) / Aline (70 ans) / vieux

   Lucien est _____ .

4. le champagne / le vin de table / cher

   Le champagne est _____ .

5. le vélo / l'avion / rapide

   Le vélo est _____ .

6. les Alpes / les Vosges / haut

   Les Alpes sont _____ .

b) Qui est-ce ? Unterstreichen Sie zunächst die Superlative, die Sie in dem Text finden. Schreiben Sie anschließend auf, wer die Person ist.

A mon avis, c'est ...

1. un des pères de famille <u>les plus heureux.</u>
2. un des hommes d'affaires les plus connus.
3. un des acteurs les mieux payés.
4. un des Autrichiens les plus riches.
5. l'Autrichien le plus musclé des Etats-Unis.

Qui est-ce ? C'est _____ .

9. Kapitel

Jeux
Spiele

1. Lernen Sie spielerisch Französisch.

Bereits als Kind haben Sie vieles spielerisch gelernt! Nutzen Sie die Gelegenheit und verbessern Sie Ihre Französischkenntnisse ohne Mühe mit Hilfe von Spielen.

2. Wortspiele machen Spaß und erweitern Ihr Vokabular.

Wenn Sie Wortspiele mögen, empfiehlt es sich, so viele Wortspiele wie möglich zu machen, damit Sie Ihren Wortschatz festigen und erweitern.

Le serpent de lettres

Die Buchstabenschlange

Ergänzen Sie die Schlange, indem Sie die angegebenen Wörter übersetzen. Der letzte Buchstabe eines Wortes ist gleichzeitig der erste Buchstabe des folgenden Wortes.

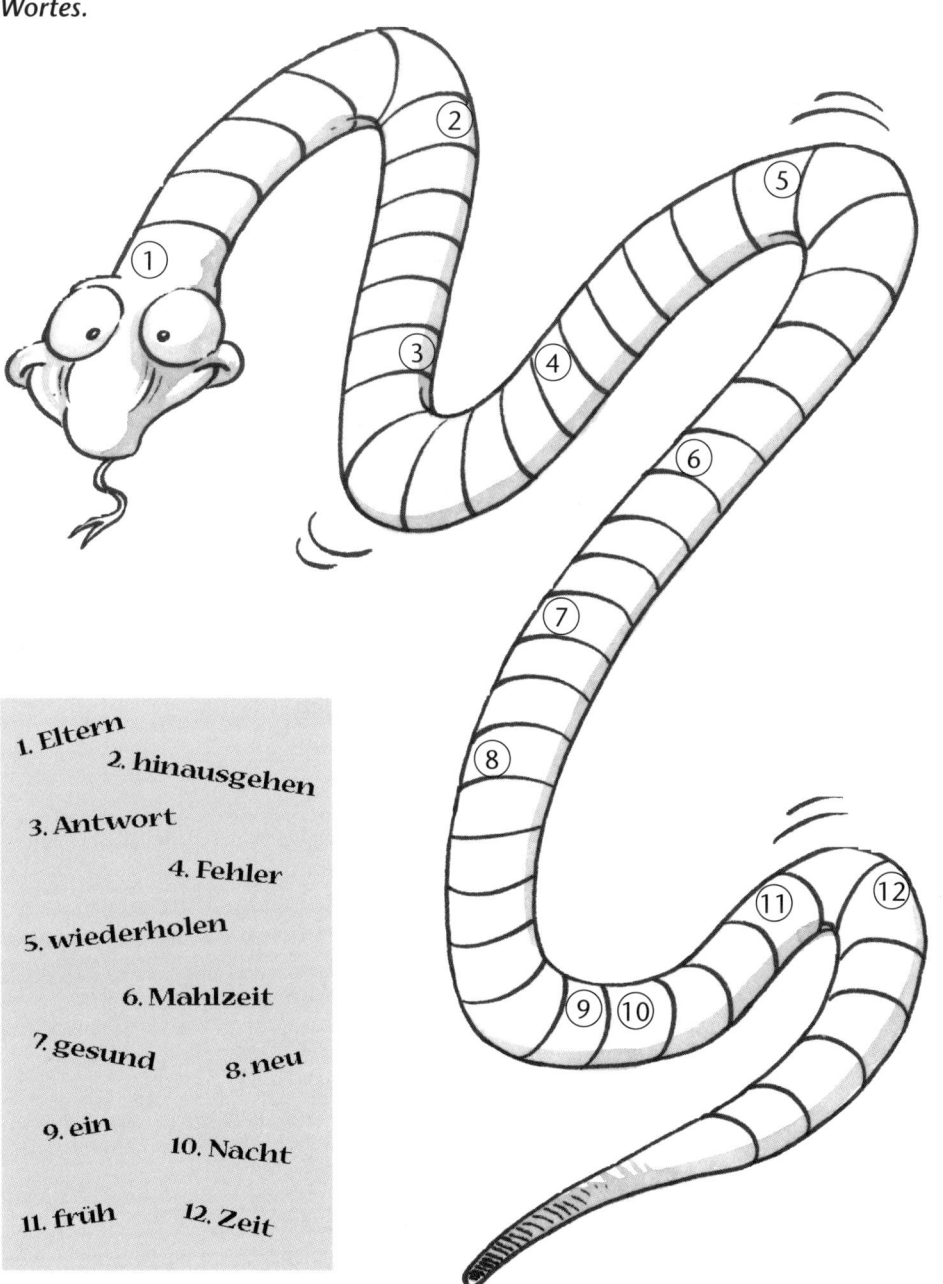

1. Eltern
2. hinausgehen
3. Antwort
4. Fehler
5. wiederholen
6. Mahlzeit
7. gesund
8. neu
9. ein
10. Nacht
11. früh
12. Zeit

9.2 Trios et pyramides
Trios und Pyramiden

Aufgabe 1

In den Trios fehlen jeweils zwei Buchstaben. Welche? Ergänzen Sie sie mit Hilfe der angegebenen Buchstaben.

an
in
en

① d *eu* t
s _ _ t
v _ _ t

② ch _ _ ce
ch _ _ ge
ch _ _ te

③ v _ _ gt
v _ _
enf _ _

oi
er
on

④ f _ _ t
p _ _ t
b _ _

⑤ v _ _ t
v _ _ re
v _ _ s

⑥ v _ _ t
v _ _ e
v _ _ x

Aufgabe 2

Vervollständigen Sie die Wortpyramiden mit Hilfe der deutschen Angaben. Um neue Wörter zu bilden darf man von oben nach unten nur einen Buchstaben hinzufügen. Die Reihenfolge der Buchstaben darf dabei verändert werden. Sie können ebenso Akzente usw. hinzufügen oder entfernen.

a)

1. sie **hat**	4. **aber**
2. **meine**	5. **Freundinnen**
3. **Mai**	

b)

1. **und**	3. **Kopf**
2. **Sommer**	

1.
2.
3.
4.
5.

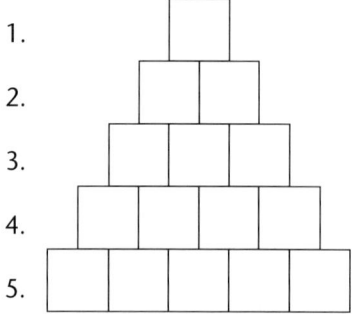

1.
2.
3.

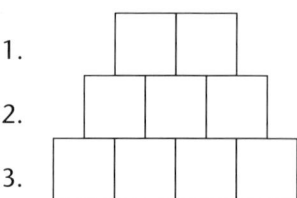

9.3 Cubes magiques
Magische Würfel

a) *Bilden Sie zehn Wörter aus diesen Wortfetzen. Die schattierten Flächen zeigen die zwei möglichen Endungen.*

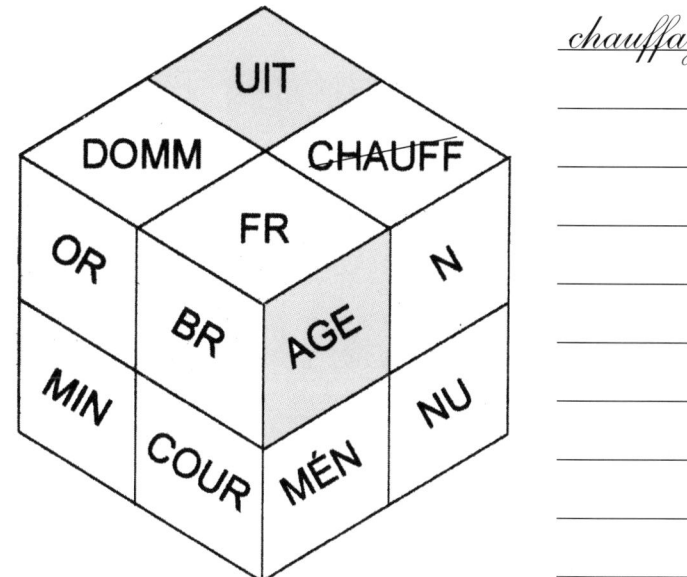

chauffage

_____

_____

_____

_____

_____

_____

_____

_____

_____

b) *Bilden Sie nun zehn Verben auf dieselbe Weise.*

tenir

_____

_____

_____

_____

_____

_____

_____

_____

_____

9.4 Mots croisés
Kreuzworträtsel

Übersetzen Sie die angegebenen Wörter bzw. Angaben ins Französische und tragen Sie die Übersetzungen in das Kreuzworträtsel ein.

Rien de neuf !

Horizontalement
1. **Briefmarke**
4. **unglücklich**
8. sie **schickt**
10. **Jahr**
11. du **entscheidest**
14. **schwarz** *feminin Plural*
16. **aus** Rom
17. **gewusst**
18. ihr **haltet fest**
20. **Seife**
22. du **bist**
23. sie **hat**
24. **neu**

Verticalement
1. sie **hält fest**
2. **Mitte**
3. **in** Frankreich
4. **mein**
5. **der**
6. **Grund, Vernunft**
7. **eine**
9. er **geht**
11. **Mehrzahl von ein, eine**
12. **Düne**
13. **Durst**
15. er **wäscht sich**
19. du **bist**
21. ich **habe**

Test 1
Test 1

Mit Hilfe von Test 1 können Sie Ihre Kenntnisse von Kapitel 1 und 2 überprüfen.

Mit welchen Wörtern oder Ausdrücken können die Sätze vervollständigt werden? Kreuzen Sie die beiden Möglichkeiten an.

1. Bon...
   - ☐ a. courage !
   - ☐ b. les courses !
   - ☐ c. appétit !

2. Il fait...
   - ☐ a. chaud.
   - ☐ b. froid.
   - ☐ c. faim.

3. Ils vont au...
   - ☐ a. musée.
   - ☐ b. l'ordinateur.
   - ☐ c. théâtre.

4. Cette valise est...
   - ☐ a. s'asseoir.
   - ☐ b. vide.
   - ☐ c. pleine.

5. Ils cherchent...
   - ☐ a. l'entrée.
   - ☐ b. la sortie.
   - ☐ c. ferment.

6. Elle sait...
   - ☐ a. la piscine.
   - ☐ b. lire.
   - ☐ c. parler allemand.

7. Le matin, Lucie prend...
   - ☐ a. un café.
   - ☐ b. les yeux.
   - ☐ c. un thé.

8. Elle allume...
   - ☐ a. la porte.
   - ☐ b. la lumière.
   - ☐ c. le feu.

9. Ils vont au cinéma...
   - ☐ a. le vendredi.
   - ☐ b. il est six heures.
   - ☐ c. à Nice.

10. Dans les Alpes, il neige...
    - ☐ a. en décembre.
    - ☐ b. en février.
    - ☐ c. en juillet.

11. Est-ce que tu me prêtes...
    - ☐ a. le premier août ?
    - ☐ b. six assiettes ?
    - ☐ c. trente francs ?

12. Bonne...
    - ☐ a. année !
    - ☐ b. félicitations !
    - ☐ c. fête !

Test 2

Test 2

Test 2 fragt das 3. Kapitel ab.

Welche Antwort passt? Streichen Sie die falsche Antwort durch.

1. Est-ce que Sophie est Belge ?
   a. Non, Sophie est Française.
   b. Oui, Sophie est Italienne.

2. Martine est infirmière. Elle travaille où ?
   a. Elle travaille dans un magasin.
   b. Elle travaille dans un hôpital.

3. Est-ce que Gérard et Mathilde ont des enfants ?
   a. Oui, ils ont deux filles et un fils.
   b. Oui, ils ont un père et une mère.

4. Marc a les cheveux longs ?
   a. Oui, il est très grand.
   b. Non, il a les cheveux courts.

5. Il y a un bureau dans ta chambre ?
   a. Il y a une salle à manger, une salle de bains et une cuisine.
   b. Il y a un bureau, un lit, deux chaises et beaucoup de livres !

6. Vous aimez les chats ?
   a. J'aime beaucoup les chats.
   b. Je m'inquiète beaucoup.

7. Est-ce que tu vas au cinéma avec nous ?
   a. Non, merci. Je fais du bricolage.
   b. Oui, elle fait de la photo.

8. On fait du ski le week-end prochain ?
   a. Oui, nous avons une planche à voile.
   b. Oui, il y a beaucoup de neige en montagne.

9. Comment est-ce que tu vas de Paris à Rome ?
   a. Je vais à Rome en avion.
   b. Je vais à Rome en métro.

10. Où est l'office du tourisme, s'il vous plaît ?
    a. Il est au centre ville entre la mairie et une banque.
    b. Il y a un garage près du port.

Test 3

Test 3

Mit Hilfe von Test 3 können Sie Ihre Kenntnisse von Kapitel 4, 5 und 6 überprüfen.

Kreuzen Sie das richtige Wort an und tragen Sie es ein.

1. Pour faire du pain, il faut *de la farine* .
   - ☐ a. promettre
   - ☒ b. de la farine
   - ☐ c. facilement

2. Luc passe _____
   le mois d'août en Normandie.
   - ☐ a. viennent
   - ☐ b. simple
   - ☐ c. tranquillement

3. Gisèle est _____
   au garage du village.
   - ☐ a. employée
   - ☐ b. pharmacien
   - ☐ c. prof

4. C'est une veste avec une
   _____ .
   - ☐ a. hors-d'œuvre
   - ☐ b. fermeture éclair
   - ☐ c. rez-de-chaussée

5. Monique est de _____ humeur.
   - ☐ a. bonne
   - ☐ b. cette
   - ☐ c. bien

6. Pascale _____ son pullover rouge.
   - ☐ a. passons
   - ☐ b. est
   - ☐ c. met

7. Michel _____ un jus de fruit.
   - ☐ a. rendent
   - ☐ b. prend
   - ☐ c. faisons

8. Les Martin _____
   un nouvel appartement.
   - ☐ a. cherchent
   - ☐ b. font
   - ☐ c. trouves

9. Il _____ 36 ans.
   - ☐ a. est
   - ☐ b. ai
   - ☐ c. a

Mit Hilfe von Test 4 können Sie Ihre Kenntnisse des 7. Kapitels überprüfen.

Wie würde der Gesprächspartner wohl antworten? Kreuzen Sie die passende Erwiderung an.

---

1. Bonjour, Uwe !
   - ☐ a. Salut ! A demain !
   - ☐ b. Bonjour, Paul.

---

2. Vous êtes libre lundi soir ? Vous voulez venir au cinéma avec nous ?
   - ☐ a. Volontiers. Quel film est-ce que vous allez voir ?
   - ☐ b. Volontiers, j'aime la nature.

---

3. Bonjour, madame. Comment allez-vous ?
   - ☐ a. Bien, merci. Et vous ?
   - ☐ b. Bien, merci. C'est dommage.

---

4. Je voudrais deux billets pour Reims, s'il vous plaît.
   - ☐ a. Désolé, je ne sais pas où est l'aéroport.
   - ☐ b. Oui, vous voulez un compartiment non-fumeur ?

---

5. Vous prenez ce pantalon, monsieur ?
   - ☐ a. Non, il est trop étroit.
   - ☐ b. Cette veste est trop grande.

---

6. Bonjour, madame. Vous désirez ?
   - ☐ a. Nous n'acceptons pas les cartes bancaires.
   - ☐ b. Je prends un café et un morceau de tarte au citron.

---

7. Pardon, madame ! Je cherche la piscine, s'il vous plaît.
   - ☐ a. Les banques sont fermées le dimanche.
   - ☐ b. Vous prenez la troisième rue à gauche. C'est là.

---

8. Je voudrais louer un appartement pour les vacances.
   - ☐ a. Oui. Où, quand et pour combien de personnes, monsieur ?
   - ☐ b. La chambre n'est pas réservée.

---

9. Vous cherchez du travail pour les fêtes de fin d'année ?
   - ☐ a. J'aime les congés payés.
   - ☐ b. Oui, je cherche du travail dans un grand magasin.

Test 5

Test 5

Mit Hilfe von Test 5 können Sie Ihre Kenntnisse des 8. Kapitels überprüfen.

Aufgabe 1

Lesen Sie den Text und gleichen Sie die Adjektive an.

1. Cette année, pour le carnaval, je mets un pullover *jaune*
jaune ,
un pantalon _____ , des chaussettes _____ , des
orange   vert
chaussures _____ , une veste _____ et une cravate
rouge   blanc
_____ . 2. Le pantalon est trop _____ , la veste est
bleu   grand
trop _____ , les chaussures sont _____ et la cravate
petit   vieux
est beaucoup trop _____ . Je suis un clown !
long

Aufgabe 2

Vervollständigen Sie den Text mit den angegebenen Verben. Verwenden Sie dabei das présent, imparfait, passé composé oder das futur proche.

1. En mai, nous *avons passé* trois jours à Prague.
passer
2. Nous _____ un hôtel confortable et les gens
avoir
_____ très sympathiques. 3. Dans la vieille ville,
être
nous _____ et nous
se promener
_____ de très belles églises. 4. Nous
visiter
_____ le pont Charles et le château :
voir
ils _____ très beaux ! 5. Les restaurants
être
du centre _____ un peu chers, mais les vêtements
être
_____ très bon marché. 6. L'année prochaine, nous
être
_____ quatre jours à Budapest.
partir
7. C'_____ aussi une très jolie ville !
être

105

Solutions
Lösungen

1.2 1.c; 2.e; 3.g; 4.a; 5.i; 6.d; 7.f; 8.h; 9.b

1.3 **a)** 1.Das kommt häufig vor. 2.Er wird noch überfahren werden. 3.Wie viel sind fünf und zwei? **b)** 1.Il fait très froid. 2.Cela ne fait rien. 3.Elle fait du ski.

1.4 **a)**1.c; 2.h; 3.a; 4.b; 5.f; 6.e; 7.d; 8.i; 9.g; **b)** 1.b; 2.e; 3.d; 4.a; 5.c

1.5 1.se dépêcher 2.fleurs 3.aujourd'hui 4.verte 5.chaussures

1.6 **a)** la radio, la télévision, l'ordinateur multimédia, le livre **b)** 1.v; 2.v; 3.f; 4.v

1.7 1.d; 2.a; 3.c; 4.b

1.8 1.la mer, la plage, faire de la voile, se baigner 2.le métro, les grands magasins, les musées, les théâtres 3.faire du ski, neiger, les sports d'hiver, les montagnes

1.9 **a)** 1.trouver 2.acheter 3.recevoir 4.éteindre 5.descendre 6.ouvrir 7.s'en aller 8.commencer **b)** 1.Ce verre est plein. 2.Ce guide est bon marché. 3.Ce chien est vieux. 4.La cuillère est propre. 5.La place est occupée. **c)** 1.c; 2.d; 3.a; 4.b

1.10 **a)** 1.d; 2.c; 3.b; 4.a; **b)** 1.arriver 2.habiter 3.téléphoner 4.entrer 5.répondre 6.s'informer **c)**1.le voyageur, le voyage, voyager 2.le travail, travailler, le travailleur 3. la journée, le journaliste, le journal

1.11 1.célèbre 2.là-bas 3.le tabac 4.le paquet 5.le billet 6.le pourboire 7.le carnet 8.le restaurant 9.la publicité 10.le chapeau 11.le syndicat 12.l'argent 13.c'est 14.urgent 15.la douche 16.la mairie 17.quoi 18.hier

1.12 **a)** 1.le feuilleton 2.la branche 3.le bureau 4.léger 5.le timbre 6.le billet
b) 1.une promenade 2.visite 3.un rendez-vous

2.1 le corps humain: 1.la tête 2.la dent 3.la gorge 4.le bras 5.la main 6.la jambe 7.le pied, les boissons: le café, la bière, le jus de pomme, le vin rouge, le thé, l'eau minérale, l'alcool, le rosé, les animaux: le poulet, le chat, le poisson, l'oiseau, le chien

2.2 **a)**1.lundi: Le lundi, il va à la piscine. 2.mardi: Le mardi, il va au cinéma. 3.mercredi: Le mercredi, il va au café. 4.jeudi: Le jeudi, il va au musée. 5.vendredi: Le vendredi, il va au restaurant. 6.samedi: Le samedi, il va à la campagne.
b)1.le matin 2.l'après-midi 3.le midi 4.le soir 5.la nuit

2.3 **a)**1.juin 2.novembre 3.juillet 4.janvier 5.septembre 6.octobre 7.février 8.mai 9.mars 10.décembre 11.avril 12.août
b)1.en automne 2.en hiver 3.au printemps 4.en été

2.4 **Aufgabe 1** Lösungswort: seize

a	q	u	a	t	o	r	z	e	o	t	r	o	i	s	a
t	o	n	z	e	u	d	i	x	–	h	u	i	t	d	s
t	g	v	i	n	g	t	j	z	é	r	o	q	u	q	e
r	c	i	n	q	x	q	u	a	t	r	e	z	e	u	p
e	m	n	w	s	h	x	d	o	u	z	e	a	p	i	t
i	d	e	c	i	u	d	i	x	–	n	e	u	f	n	e
z	i	u	b	x	i	k	d	d	e	u	x	ö	t	z	u
e	x	f	m	q	t	d	i	x	–	s	e	p	t	e	n

Aufgabe 2 33 b; 44 h; 55 a; 66 c; 77 i; 88 d; 99 e; 222 f; 555 g; 666 j

2.5 a) 1.jour de l'An 2.fête nationale 3.Noël
b) 1.le premier novembre 2.le vingt et un septembre 3.le premier mai 4.le dix avril

2.6 1.c; 2.f; 3.h; 4.b; 5.d; 6.e; 7.a; 8.g

2.7 1.d; 2.a; 3.e; 4.c; 5.f; 6.b

2.8 a) 1.a; c; d; g; h; i; l; 2.b; e; f; j; k;
b) 1.b; 2.d; 3.a; 4.c

2.9 1.s'en aller 2.arriver 3.revenir 4.fermer 5.se lever 6.s'asseoir 7.monter 8.descendre 9.ouvrir 10.tomber 11.entrer 12.sortir

2.10 1.savent 2.peut 3.pouvez 4.sait 5.savez 6.peuvent

2.11 1.c; 2.a; 3.d; 4.b; 5.f; 6.g; 7.e

3.1 a) 1.Il s'appelle Philippe. 2.Il est né à Genève. 3.Non, il est Suisse. 4.Il est pharmacien. 5.Il habite à Strasbourg.
b) Müller, Corinne, Strasbourg, Française, Strasbourg

3.2 a) 1.Espagne 2.France 3.Allemagne 4.Autriche 5.Suisse 6.Italie
b) 1.Espagnol, Espagnole 2.Allemand, Allemande 3.Italien, Italienne 4.Français, Française 5.Autrichien, Autrichienne 6.Anglais, Anglaise 7.Belge, Belge

3.3 a) 1.la secrétaire 2.la technicienne 3.le vendeur 4.la femme au foyer 5.le guide 6.le médecin
b) 1.i; 2.f; 3.b; 4.g; 5.c; 6.h; 7.e; 8.d; 9.a

3.4 a) 1.Marcel 2.Sophie 3.Louis 4.Corinne 5.Pierre 6.Patricia 7.André 8.Pauline 9.Philippe 10.Maryse
b) 1.v; 2.v; 3.v; 4.f; 5.f; 6.v; 7.v;
c)1.le cousin 2.la mère 3.l'oncle 4.le grand-père 5.la cousine 6.la fille
d) 1.e; 2.c; 3.a; 4.f; 5.b; 6.d

3.5 a) 1.gros 2.petit et mince 3.grand et fort
b) 1.aimables 2.derniers 3.jaune 4.rosé
c) 1.b; 2.d; 3.f; 4.c; 5.a; 6.e

3.6 1.la fenêtre 2.la salle de bains 3.la douche 4.le lit 5.la chambre 6.les toilettes 7.le salon 8.la salle à manger 9.la table 10.la chaise 11.la cuisine 12.la porte 13.l'escalier

3.7 a) 1.un peu 2.beaucoup 3.passionnément 4.à la folie 5.pas du tout
b) 1,+; 2,-; 3.-; 4.-; 5.+; 6.+; 7.-; 8.-; 9.+

3.8 a) 1.réunions 2.piscine 3.musée 4.cartes 5.livre 6.cuisine 7.théâtre 8.jardin
b) 1.b; 2.a, b; 3.b, c; 4.a,c

3.9 a) 1.la planche à voile 2.le tennis 3.le football 4.le vélo 5.la randonnée 6.le ski
b) 1.d; 2.a; 3.f; 4.b; 5.c; 6.e

3.10 1.le champ 2.la montagne 3.la forêt 4.le camping 5.le lac 6.l'industrie 7.la route 8.le port 9.la ville 10.la rivière 11.la plage 12.la mer

3.11 a) 1.VELO 2.AVION 3.VOITURE 4.BATEAU 5.AUTOBUS 6.TRAIN 7.MOTO 8.METRO
b) 1.rendu 2.tombée 3.grève 4.direction 5.en 6.circulation 7.kilomètres

3.12 1.a, b; 2.b; 3.c; 4.b, c; 5.a, c; 6.a, b; 7.a,b

3.13 a) 1.c; 2.g; 3.a; 4.b; 5.h; 6.i; 7.d; 8.f; 9.e; 10.m; 11.l; 12.k; 13.j;
b) 1.le télécopieur 2.le portable 3.le répondeur

3.14 1.les fleurs 2.les fruits 3.le pain 4.la boucherie 5.les vêtements 6.le rayon boissons 7.le savon 8.l'eau minérale

3.15 a) 1.les œufs sur le plat, le sandwich au pâté, le croque-monsieur 2.le steak garni, le gratin aux légumes, le coq au vin
b) a, e, b, c, d

3.16 **a)** 1.la cerise 2.le citron 4.la pomme 5.l'orange 6.le kiwi 8.la poire 9.le raisin 11.la banane 12.la fraise

b) 1.le poulet 2.le poisson 3.le lait 4.les œufs 5.la pomme de terre 6.la farine 7.le riz 8.la viande 9.le beurre

3.17 1.le passeport, les chaussures, l'appareil photo, les vêtements 2.l'eurochèque, les billets de banque, la monnaie, changer de l'argent 3.les renseignements, le plan de la ville, faire une réservation, le dépliant touristique

3.18 **a)** 1.le guichet automatique 2.la monnaie 3.le chèque 4.la carte bancaire 5.la pièce 6.le billet

b) 1.e; 2.c; 3.d; 4.a; 5.b

3.19 1.frais, nuages, accidents 2.froid, degrés 3.pluie 4.beau, soleil 5.vent

3.20 **a)** 1.a; 2.d; 3.f; 4.b; 5.c; 6.e;

b) 1.c; 2.f; 3.a; 4.b; 5.d; 6.e

4.1 1.dernière, dernièrement 2.heureuse, heureusement 3.facile, facilement 4.certaine, certainement 5.autre, autrement 6.longue, longuement 7.grave, gravement 8.douce, doucement 9.simple, simplement 10.pareille, pareillement 11.calme, calmement 12.tranquille, tranquillement

4.2 1.circulation 2.opposition 3.organisation 4.exportation 5.information 6.réclamation

4.3 1.le prof 2.l'employé 3.le boulanger 4.le médecin 5.le photographe 6.l'ouvrier 7.le pharmacien

4.4 1.la fermeture éclair 2.le petit-déjeuner 3.le rez-de-chaussée 4.la glace au chocolat 5.la station-service 6.la ceinture de sécurité 7.le plat principal 8.la salle à manger 9.le hors-d'œuvre 10.l'appareil photo 11.le week-end 12.le chou-fleur

5.1 **a)** 1.mère 2.cheveux 3.célèbre 4.café 5.près 6.église 7.repas 8.derrière 9.demander 10.légère

b) 1.a; d; f; i; j; 2.b; c; e; g, h;

c) Il a un chat dans la gorge.

5.2 1.b; 2.b; 3.b; 4.c; 5.a; 6.b; 7.a; 8.c; 9.a; 10.c

5.3 1.a; 2.g; 3.b; 4.h; 5.f; 6.e; 7.c; 8.d

5.4 1.petit 2.vert 3.tôt 4.sous 5.dessert 6.nuit

6.1 1.a.Tiens, b.tient, c.tenez 2.a.mets, b.mets, c.mettez 3.a.fais, b.faisons, c.fait 4.a.ont, b.a, c.avons. 5.a.prennent, b.prenez, c.prends

6.2 **a)** 1.passé 2.cherche 3.trouve, rendre 4.faire

b) 1.passe 2.chercher, porter 3.téléphones

c) 1.attendu 2.sorti, monté 3.doit 4.porte

6.3 1.b; 2.e; 3.a; 4.f; 5.g; 6.c; 7.h; 8.d

6.4 1.avoir 2.faire 3.prendre 4.être

6.5 1.Il est en pleine forme. 2.Il est en mauvaise santé. 3.Elle a l'air triste. 4.Elle est en bonne santé. 5.Il est de mauvaise humeur. 6.Elle est de bonne humeur.

6.6 **a)** 1.b; 2.a; 3.d; 4.c

b) 1.acheter 2.descendre 3.tourner 4.venir 5.envoyer 6.accompagner

7.1 1.a; 2.c; 3.d; 4.b

7.2 1.Vous vous lavez les mains. 2.Il faut du sel ? 3.J'aime la viande bien cuite.

7.3 va, Salut, bien, prof, suis, célibataire, s'appelle, est, marié, ans, restée, présente, enchanté, aime, danser, verre

7.4 1.a; 2.c; 3.h; 4.f; 5.e; 6.d; 7.g; 8.b

7.5 **a)** 1, 3, 4, 2

b) a, b, c, f, e, d, i, h, g, j

7.6	passen nicht zum Bild: 1; 3; 5; 6; 9; 10

7.6 passen nicht zum Bild: 1; 3; 5; 6; 9; 10

7.7 menu, entrée, prendre, salade, saignant, boire, vin, dessert, tarte

7.8 Das Hotel ist mit dem Buchstaben D markiert.

7.9 1.a; 4.b; 2.c

7.10 a, d, b, c, e

7.11 1.a; 2.g; 3.b; 4.i; 5.j; 6.k; 7.d; 8.h; 9.f; 10.c; 11.e

7.12 **a)** 1.e sehr gute Ausstattung 2.a inklusive Nebenkosten 3.d Einbauküche 4.c sehr guter Zustand 5.f Zentralheizung 6.b Stockwerk
b) annonce, libre, visiter, comprises, loyer, caution

7.13 **a)** serveuses, allemand, salaire, références
b) cherche, parlez, dans, présenter, comment

7.14 1.vrai 2.faux 3.faux 4.vrai 5.vrai 6.vrai 7.vrai

8.1 1.des livres 2.des bouteilles 3.des journaux 4.des assiettes 5.des timbres 6.des verres 7.des cuillères 8.des montres 9.des chapeaux 10.des parapluies

8.2 1.a; 2.c; 3.c; 4.a; 5.b; 6.b; 7.a; 8.c; 9.a; 10.b

8.3 1.b; 2.a; 3.a; 4.a; 5.b; 6.a; 7.b; 8.b

8.4 1.je sers 2.assieds-toi 3.elles conduisent 4.ils écrivent 5.nous faisons 6.j'éteins 7.je vais 8.tu dors 9.vous croyez 10.il tient 11.tu vis 12.nous buvons 13.je dois 14.nous sommes 15.tu viens 16.il sait

8.5 1.partez 2.allons, avons 3.voyagez 4.prenons, louons, voulons, dormons 5.sais, ai, est, vais, pouvez 6.es 7.a, m'occupe, envoyez 8.fais 9.dois

8.6 1.vais travailler 2.vais rentrer 3.vais faire 4.vont revenir 5.va rentrer 6.allons faire 7.vont arriver 8.allons manger 9.vont se coucher 10.vont partir 11.allons nous coucher

8.7 1.est en train, Il est en train de prendre une douche. 2.es en train, Je suis en train de téléphoner. 3.êtes en train, Nous sommes en train de manger. 4.sont en train, Elles sont en train de faire du ski.

8.8 1.avons fait 2.avons préparé, ai écouté, étaient 3.sommes partis 4.avions 5.faisait 6.sommes arrivés, avait 7.ai pris, s'est reposé 8.avons mangé 9.avons vu, arrivaient 10.nous sommes levés, avons marché

8.9 1.à côté du 2.dans 3.sous 4.à gauche du 5.en face du 6.sur 7.entre 8.au bord de 9.à droite du 10.derrière

8.10 **a)** 1.en, en, au, en, au, au 2.aux, en, au, en
b) 1.pour 2.avec, au 3.chez 4.du, à 5.à la 6.à 7.sans 8.de 9.du 10.de 11.à l' 12.aux

8.11 **a)** du, du, des, des, du, de la, des, des
b) 1.un morceau 2.une bouteille 3.un kilo et demi 4.300 grammes 5.une tranche 6.deux paquets 7.un sac 8.une boîte

8.12 1.Comment est-ce que tu t'appelles 2.Où est-ce que tu habites 3.Est-ce que tu aimes Limoges 4.Est-ce que tu es professeur d'espagnol 5.Pourquoi est-ce que tu es professeur 6.Est-ce que tu parles anglais et espagnol 7.Est-ce que tu es déjà allé en Angleterre 8.Est-ce que tu connais Manchester 9.Est-ce que tu as visité Oxford

8.13 1.qui; que; qui; que; qui; qui; C'est François Mitterrand. 2.qui; qui; qui; qu'; qui; qu'; C'est Catherine Deneuve.

8.14 **a)** mon livre, ton livre, son livre, notre livre, votre livre, leur livre; ma valise, ta valise, sa valise, notre valise, votre valise, leur valise; mes amis, tes amis, ses amis, nos amis, vos amis, leurs amis.
b) 1.b; 2.c; 3.a; 4.c; 5.b; 6.a; 7.a; 8.c; 9.b

8.15 1.n' … plus 2.ne … pas 3.n'… jamais 4.ne … personne 5.ne … rien 6.n'… pas 7.n'… personne 8.n'… rien 9.ne … plus

8.16 **a)** 1.plus grande que le Liechtenstein. 2.plus petite que Michelle. 3.moins vieux qu'Aline. 4.plus cher que le vin de table. 5.moins rapide que l'avion. 6.plus hautes que les Vosges.
b) 1.les plus heureux 2.les plus connus 3.les mieux payés 4.les plus riches 5.le plus musclé . C'est Arnold Schwarzenegger.

9.1 1.parents 2.sortir 3.réponse 4.erreur 5.répéter 6.repas 7.sain 8.nouveau 9.un 10.nuit 11.tôt 12.temps

9.2 **Aufgabe 1** 1.dent, sent, vent 2.chance, change, chante 3.vingt, vin, enfin 4.font, pont, bon 5.vert, verre, vers 6.voit, voie, voix
Aufgabe 2 a) 1.a 2.ma 3.mai 4.mais 5.amies
b) 1.et 2.été 3.tête

9.3 **a)** chauffage, dommage, fruit, orage, bruit, minuit, courage, ménage, nuit, nuage
b) tenir, servir, vivre, boire, dormir, suivre, mettre, écrire, ouvrir, rendre

9.4

¹T	I	²M	B	R	³E	■	⁴M	A	⁵L	H	E	U	⁶R	E	⁷U	X
I	■	I	⁸E	N	⁹V	O	I	E	■				A		N	
E	■	L	¹⁰A	N				¹¹D	E	C	I	¹²D	E	¹³S		
¹⁴N	O	I	R	E	¹⁵S			¹⁶D	E		¹⁷S	U	O			
T		E	¹⁸T	E	N	¹⁹E	Z		²⁰S	²¹A	V	O	N			I
	U		²²E	S		²³A		I	²⁴N	E	U	F				

Test 1 1.a, c; 2.a, b; 3.a, c; 4.b, c; 5.a, b; 6.b, c; 7.a, c; 8.b, c; 9.a, c; 10.a, b; 11.b, c; 12.a, c

Test 2 1.b; 2.a; 3.b; 4.a; 5.a; 6.b; 7.b; 8.a; 9.b; 10.b

Test 3 1.b; 2.c; 3.a; 4.b; 5.a; 6.c; 7.b; 8.a; 9.c

Test 4 1.b; 2.a; 3.a; 4.b; 5.a; 6.b; 7.b; 8.a; 9.b

Test 5 **Aufgabe 1** 1.jaune, orange, vertes, rouges, blanche, bleue 2.grand, petite, vieilles, longue
Aufgabe 2 1.avons passé 2.avions, étaient 3.nous sommes promenés, avons visité 4.avons vu, sont 5.étaient, étaient 6.allons partir 7.est

Glossaire

Glossar

Dieses Wörterverzeichnis enthält in alphabetischer Reihenfolge Vokabeln aus sämtlichen Kapiteln. Es wird der Wortschatz aufgeführt, der den Grundwortschatz übersteigt. Der als bekannt vorausgesetzte Wortschatz orientiert sich am Grundbaustein des VHS-Zertifikates Französisch des Volkshochschulverbandes.
In der linken Spalte befinden sich die Einträge. Die mittlere Spalte gibt die Fundstellen an, z.B. 7.6 = Kapitel 7, Übung 6, in der die Vokabeln das erste Mal vorkommen.
Der Genus der Substantive wurde mit *m* für männlich und *f* für weiblich angegeben.
Femininformen der Substantive werden hinter dem Komma genannt.
Ebenso wurde bei den Adjektiven auf die weibliche Form verwiesen.

Abkürzungen:

m	männlich
f	weiblich
pl	Plural
etw	etwas
jdm	jemandem
jdn	jemanden
qn	quelqu'un
qc	quelque chose

A

acteur,-trice *m,f*	8.13	Schauspieler(in)
adorer	3.1	furchtbar gerne mögen
adulte *m,f*	1.6	Erwachsene(r)
agence *f*	7.12	Agentur
aimer qn à la folie	3.7	in jdn ganz vernarrt sein
Allemagne *f*	3.2	Deutschland
Allemand,e *m,f*	3.2	Deutsche(r)
alsacien,ne	8.8	elsässisch
Anglais,e *m,f*	3.2	Engländer(in)
Angleterre *f*	3.2	England
annonce *f*	7.12	Anzeige
annulé,e	7.4	abgesagt
appeler	3.11	anrufen
apporter	7.7	bringen
Assomption *f*	2.5	Mariä Himmelfahrt
assurance *f* maladie	7.14	Krankenversicherung
Autriche *f*	3.2	Österreich
Autrichien,ne *m,f*	3.2	Österreicher(in)
avoir l'air	3.5	aussehen

B

bac *m*	6.2	Abitur
baladeur *m*	3.13	Walkman®
bande *f*	3.13	Band
bande *f* dessinée	3.8	Comic
barbe *f*	3.5	Bart
Belge *m,f*	3.2	Belgier(in)
Belgique *f*	3.2	Belgien
beurre *m*	3.16	Butter
bien fait	7.5	sehr reif
bière *f* pression	3.15	Bier vom Fass
bise *f*	7.2	Kuss
boisson *f*	2.1	Getränk
boîte *f*	8.11	Konservendose
bonheur *m*	2.6	Glück
bouché,e	7.11	verstopft

E

EDF f	7.1	Französische Elektrizitätsgesellschaft
élégant,e	7.6	elegant
en effet	7.14	in der Tat
encore	2.7	schon wieder
entrée f	7.7	Vorspeise
époux,-se m,f	3.1	Gatte, Gattin
Espagne f	3.2	Spanien
Espagnol,e m,f	3.2	Spanier(in)
état m	7.12	Zustand
Etats-Unis mpl	8.10	Vereinigte Staaten
étonné,e	1.6	erstaunt
être de bonne humeur	6.5	gut gelaunt sein
être de mauvaise humeur	6.5	schlecht gelaunt sein
être en bonne santé	6.5	gesund sein
être en mauvaise santé	6.5	krank sein
être en pleine forme	6.5	topfit sein
étroit,e	7.6	eng
études fpl	6.4	Studium
évolution f	1.6	Entwicklung
exposition f	1.12	Ausstellung

F

faire de la photo	3.8	fotografieren
faire de la voile	1.8	segeln
faire des études	6.4	studieren
faire du bricolage	3.8	basteln
faire du théâtre	6.4	Theater spielen
faire: s'en faire	3.7	sich Sorgen machen
faire une bise	7.2	einen Kuss geben
farine f	3.16	Mehl
fax m	3.13	Fax
femme f au foyer	3.3	Hausfrau
fermeture f éclair	4.4	Reißverschluss
fête f de la Bière	2.3	Oktoberfest
fête f du travail	2.5	Tag der Arbeit
fête f nationale	2.5	Nationalfeiertag
feuille de soins f	7.14	Krankenblatt
feuilleton m	1.12	Fernsehserie
fiche f	7.10	Formular
folie f	3.7	Verrücktheit
forme f	6.5	Verfassung
fort,e	3.5	kräftig
fraise f	3.16	Erdbeere

G

grand-mère f	3.4	Großmutter
grand-père m	3.4	Großvater
grillé,e	7.7	gegrillt
guichet m automatique	3.18	Bankautomat

H

haricots mpl	7.7	Bohnen
Hollande f	8.10	Holland
homme m d'affaires	8.16	Geschäftsmann
humeur f	6.5	Laune

I

imprimante f	3.13	Drucker
infirmier,-ère m,f	3.3	Krankenhelfer, Krankenschwester
informaticien,ne m,f	3.1	Informatiker(in)
information f	7.9	Auskunft
ingénieur m, femme ingénieur f	4.3	Ingenieur(in)
installer: s'installer	1.6	Einzug halten
intrus m	1.11	Eindringling
Italie f	3.2	Italien
Italien,ne m,f	3.2	Italiener(in)

J

Japon m	8.10	Japan
jour m de l'An	2.5	Neujahr

joyeux,-euse	2.6	fröhlich
juste	7.5	stimmt

K

kiwi *m*	3.16	Kiwi

L

littéraire	1.6	literarisch
littérature *f*	8.13	Literatur
location *f*	7.9	Vermietung
loisirs *mpl*	3.8	Freizeit
lourd	3.19	schwül
loyer *m*	7.12	Miete

M

malheureux,-euse	3.7	unglücklich
manche *f*	7.6	Ärmel
marcher	7.11	funktionieren
Mardi gras *m*	2.5	Faschings-dienstag
marier: se marier avec qn	2.6	jdn heiraten
médecin *m*, femme médecin *f*	3.3	Arzt, Ärztin
médias *fpl*	1.6	Medien
médical,e	3.3	ärztlich
mère *f* célibataire	3.4	allein erziehen-de Mutter
message *m*	3.13	Nachricht
messagerie *f* élec-tronique	3.13	Mailbox
météo *f*	3.19	Wetterbericht
mince	3.5	schlank
mi-temps *m*	7.13	Halbtagsstelle
mon vieux *m*	7.1	mein Lieber
monde *m*	8.13	Welt
monnaie *f*	3.18	Kleingeld
monsieur-dame	7.10	Abkürzung für *monsieur et madame*
mort,e	8.13	gestorben
moto *f*	3.11	Motorrad
mourir	2.6	sterben

musclé,e	8.16	muskulös

N

natation *f*	3.9	Schwimmen
nature *f*	7.9	Natur
neveu *m*	3.4	Neffe
nièce *f*	3.4	Nichte
Noël *m*	2.5	Weihnachten
nombreux, -euse	7.9	zahlreich
non-fumeur, -euse *m,f*	7.4	Nichtrau-cher(in)
note *f*	7.11	Rechnung
nouvelles *fpl*	8.8	Nachrichten

O

œuf *m* sur le plat	3.15	Spiegelei
offre *f*	7.9	Angebot
olive *f*	6.6	Olive
oncle *m*	3.4	Onkel
ordinateur *m*	1.6	Computer
ordonnance *f*	7.14	Rezept
oscar *m*	8.13	Oscar

P

Pâques *m*	2.3	Ostern
partout	3.13	überall
passer le bac	6.2	Abitur machen
passionnément	3.7	leidenschaftlich
pâté *m*	3.15	Pastete
patient,e *m,f*	7.14	Patient(in)
pêche *f*	7.9	Angeln
Pentecôte *f*	2.5	Pfingsten
pharmacien,ne *m,f*	3.1	Apotheker(in)
photographe *m*	4.3	Fotograf
pichet *m*	7.7	(Wein)krug
pièce *f*	3.18	Münze
planche *f* à voile	3.9	Windsurfen
plat *m* principal	4.4	Hauptgericht
plateau *m*	7.7	Platte
poire *f*	3.16	Birne
pomme *f*	3.16	Apfel
portable *m*	3.13	Funktelefon, Laptop

porte-monnaie *m*	7.14	Geldbörse	société *f*	7.1	Gesellschaft
poulet *m*	3.16	Hähnchen	soupe *f*	7.7	Suppe
prendre place	7.1	Platz nehmen	souris *f*	3.13	Maus
présenter: se	7.13	sich vorstellen	stade *m*	3.9	Stadion
présenter			Suisse *f*	3.2	Schweiz
président, e *m, f*	8.13	Präsident(in)	superbe	8.8	wunderschön
prof *m,f*	3.3	Lehrer(in)	surf *m*	7.9	Surfen
			surprise *f*	7.1	Überraschung
			suspect,e *m,f*	6.2	Verdächtige(r)

Q

queue *f*	7.5	Warteschlange

T

taille *f*	3.1	Körpergröße

R

tante *f*	3.4	Tante
radis *m*	3.16	Radieschen	tarte *f*	7.7	Torte
raisin *m*	3.16	Weintraube	technicien,ne *m,f*	3.3	Techniker(in)
randonnée *f*	2.10	Wandern	télécopieur *m*	3.13	Faxgerät
rayon *m*	3.14	(Verkaufs)ab-	terrasse *f*	1.7	großer Balkon,
		teilung			Terrasse
réception *f*	7.2	Empfang	titulaire *m,f*	3.1	Inhaber(in)
rembourser	7.14	zurückerstatten	tour *f*	3.12	Turm
remplir	7.10	ausfüllen	Toussaint *f*	2.5	Allerheiligen
rendre visite à qn	1.12	jdn besuchen	tout confort	7.12	sehr gute
répondeur *m*	3.13	Anrufbeant-			Ausstattung
		worter	toutefois	1.6	dennoch
république *f*	8.13	Republik	tranche *f*	7.5	Scheibe
réservation *f*	3.17	Reservierung	trilingue	7.13	dreisprachig
responsable	1.6	verantwortlich	truite *f*	7.7	Forelle
riz *m*	3.16	Reis	tulipe *f*	1.5	Tulpe
rond-point *m*	7.8	Kreisverkehr			
rose *f*	1.5	Rose			
roux,-sse	3.5	rothaarig	**U**		
			usine *f*	3.3	Fabrik, Werk

S

saison *f*	7.7	Jahreszeit

V

salade *f* niçoise	6.6	*Salat mit*	V.T.T. *m*	3.9	Mountainbike
		Tomaten,	vendeur,-euse *m,f*	3.3	Verkäufer(in)
		Oliven etc.	venir chercher qn	7.2	jdn abholen
salon *m* de coiffure	3.3	Friseursalon	verglas *m*	3.19	Glatteis
sans plomb	1.7	bleifrei	veste *f*	7.6	Jacke
sécurité *f*	4.4	Sicherheit	vidéo *f*	3.8	Videofilm
séparé,e	3.4	getrennt	vignette *f*	7.14	Etikett *(auf*
serveur,-euse *m,f*	7.13	Kellner(in)			*Arzneimitteln)*
signature *f*	3.1	Unterschrift	visite *f* guidée	7.2	Führung
sincère	2.6	aufrichtig	vœu *m*	2.6	Wunsch

vœux *mpl*	2.6	Glückwünsche
vol *m*	7.4	Flug
voyageur,-euse *m,f*	1.10	Reisende(r)

W

| week-end *m* | 4.4 | Wochenende |